理论与实践
体育场馆的运营管理

陈 博 著

图书在版编目(CIP)数据

理论与实践:体育场馆的运营管理/陈博著.--
北京：中国经济出版社，2020.4（2024.1重印）
ISBN 978-7-5136-6099-0

Ⅰ.①理… Ⅱ.①陈… Ⅲ.①体育场—运营管理—研究②体育馆—运营管理—研究 Ⅳ.①G818

中国版本图书馆 CIP 数据核字（2020）第 042961 号

责任编辑　孙晓霞
责任印制　马小宾
封面设计　押晓峰

出版发行	中国经济出版社
印 刷 者	北京建宏印刷有限公司
经 销 者	各地新华书店
开　　本	710mm×1000mm　1/16
印　　张	11.75
字　　数	208 千字
版　　次	2020 年 4 月第 1 版
印　　次	2024 年 1 月第 3 次
定　　价	58.00 元

广告经营许可证　京西工商广字第 8179 号

中国经济出版社 网址 www.economyph.com 社址 北京市东城区安定门外大街 58 号 邮编 100011
本版图书如存在印装质量问题，请与本社销售中心联系调换（联系电话:010-57512564）

版权所有　　盗版必究（举报电话:010-57512600）
国家版权局反盗版举报中心（举报电话:12390）　　服务热线：010-57512564

前　言

随着我国体育事业的不断发展,"终身体育""全民健身"等观念越来越被广大人民群众所接受,人们对体育运动需求的增加促进了我国体育场馆的建设和发展。在这样的背景下,我国的体育场馆如雨后春笋般涌现,发展势头良好。但是在体育场馆迅速发展的同时,体育场馆的运营管理也面临着许多问题,如体育场馆运营成本高、难以进行有效进行资源整合、实现体育场馆科学化运营比较困难等。因此,合理配置体育场馆的资源,实行科学有效的运营管理,实现体育场馆综合效益的最大化,满足人们体育锻炼的需求,也就成为我国体育场馆运营管理的重要任务。鉴于此,笔者从理论与实践的角度出发,撰写了《理论与实践:体育场馆的运营管理》一书,系统探讨了体育场馆的运营管理,以期为体育场馆的运营与管理提供有益的借鉴。

本书主要包括八章。第一章是体育场馆概述,首先对体育场馆的含义及分类进行阐述,然后探究了体育场馆的发展历史,最后探究了体育场馆的建造及其配套设施,以使读者对体育场馆有更深入的认识;第二章是体育场馆运营管理的基本理论,首先对体育场馆运营管理的要素加以阐述,其次对体育场馆运营的现状和内容进行了分析,最后对体育场馆的管理进行了分析,并根据体育场馆在管理中存在的问题提出了相关的对策;第三章分别针对体育场馆的人力资源管理、物力资源管理和财力资源管理做了具体的探究,提出了在人力、物力、财力方面的创新管理方法,以期为体育场馆的资源管理提供良好的、可借鉴的思路;第四章是体育场馆的环境管理,首先对体育场馆环境管理进行了概述,其次阐述了体育场馆卫生管理,再次对体育场馆的绿化管理进行了简要分析,最后论述了体育场馆与环境文化教育的关系;第五章是体育场馆的风险管理,首先对风险管理进行了基本阐述,其次讨论了风险管理的方法,然后论述了体育场馆公共安全管理,最后探讨了体育场馆紧急事件的管理;第六章首先对体育场馆的运营战略进行了概述,其次分析了体育场馆运营战略的环境,最后对体育场馆运营的科学化战略决策进行了讨论;第七章是体育场馆的运营实施,分别论述了体育场馆的市场营销、服务营销、赛事营销与社会化服务,是对第六章内容的深化;第八章探讨了体育场馆的智能化发展新方向,分别阐述了体育场馆专用系统的智能化、体育场馆火灾防范系统的职能化、体育场馆停车管理智能化、体育场馆安全防范智能化。

本书结构严谨、条理清晰,在撰写的过程中借鉴了许多专家与学者的研究成果,在此向他们表示感谢！由于时间和笔者水平限制,本书难免存在不足之处,恳请广大读者和同人进行批评、指正。

陈　博
2019 年 11 月

目 录

第一章　体育场馆概述 ································ 1
第一节　体育场馆的含义及分类 ························ 1
第二节　体育场馆的发展历史 ·························· 6
第三节　体育场馆的建造 ···························· 13
第四节　体育场馆的配套设施 ························ 17

第二章　体育场馆运营管理的基本理论 ·················· 23
第一节　体育场馆运营管理概述 ························ 23
第二节　体育场馆运营管理的现状分析 ···················· 25
第三节　体育场馆运营管理的趋势和对策 ·················· 32

第三章　体育场馆的资源管理 ························ 37
第一节　体育场馆的人力资源管理 ······················ 37
第二节　体育场馆的物力资源管理 ······················ 50
第三节　体育场馆的财力资源管理 ······················ 58

第四章　体育场馆的环境管理 ························ 66
第一节　体育场馆环境管理概述 ······················ 66
第二节　体育场馆卫生管理 ·························· 68
第三节　体育场馆绿化管理 ·························· 75
第四节　体育场馆与环境文化教育 ······················ 79

第五章　体育场馆的风险管理 ························ 83
第一节　风险管理概述 ····························· 83
第二节　体育场馆风险管理方法 ······················ 90
第三节　体育场馆公共安全管理 ······················ 97
第四节　体育场馆紧急事件管理 ······················ 103

第六章　体育场馆的运营战略 ⋯⋯⋯⋯⋯⋯⋯⋯⋯⋯⋯⋯⋯⋯⋯ 106
第一节　体育场馆运营战略概述 ⋯⋯⋯⋯⋯⋯⋯⋯⋯⋯⋯⋯⋯ 106
第二节　体育场馆运营战略环境分析 ⋯⋯⋯⋯⋯⋯⋯⋯⋯⋯⋯ 116
第三节　体育场馆运营的科学化战略决策 ⋯⋯⋯⋯⋯⋯⋯⋯⋯ 120

第七章　体育场馆的运营实施 ⋯⋯⋯⋯⋯⋯⋯⋯⋯⋯⋯⋯⋯⋯⋯ 128
第一节　体育场馆的市场营销 ⋯⋯⋯⋯⋯⋯⋯⋯⋯⋯⋯⋯⋯⋯ 128
第二节　体育场馆的服务营销 ⋯⋯⋯⋯⋯⋯⋯⋯⋯⋯⋯⋯⋯⋯ 133
第三节　体育场馆的赛事营销 ⋯⋯⋯⋯⋯⋯⋯⋯⋯⋯⋯⋯⋯⋯ 137
第四节　体育场馆的社会化服务 ⋯⋯⋯⋯⋯⋯⋯⋯⋯⋯⋯⋯⋯ 144

第八章　体育场馆的智能化发展新方向 ⋯⋯⋯⋯⋯⋯⋯⋯⋯⋯⋯ 150
第一节　体育场馆专用系统智能化 ⋯⋯⋯⋯⋯⋯⋯⋯⋯⋯⋯⋯ 150
第二节　体育场馆火灾防范智能化 ⋯⋯⋯⋯⋯⋯⋯⋯⋯⋯⋯⋯ 155
第三节　体育场馆停车管理智能化 ⋯⋯⋯⋯⋯⋯⋯⋯⋯⋯⋯⋯ 163
第四节　体育场馆安全防范智能化 ⋯⋯⋯⋯⋯⋯⋯⋯⋯⋯⋯⋯ 168

参考文献 ⋯⋯⋯⋯⋯⋯⋯⋯⋯⋯⋯⋯⋯⋯⋯⋯⋯⋯⋯⋯⋯⋯⋯⋯ 178

第一章 体育场馆概述

人们进行体育锻炼、举办体育赛事等大都需要在体育场馆内进行,体育场馆是社会大众活动的场所之一。本章首先对体育场馆的含义及分类进行阐述,其次探究了体育场馆的发展历史,最后探究了体育场馆的建造及其配套设施,以期读者对体育场馆有更深入的认识。

第一节 体育场馆的含义及分类

一、体育场馆的含义

体育场和体育馆总称为体育场馆,是人们进行身体锻炼、举办运动赛事、运动训练等体育活动的专业性场所。

体育场馆主要包括能够对社会大众开放并提供服务的体育场、体育馆、游泳池、田径棚、操场、运动场、健身房、体操房等其他各类室内外的健身场所。

体育场馆能够满足不同人群的体育消费需要,可以说是全民健身必不可少的场所,是体育赛事不可或缺的场地,是体育产业发展的重要载体。

二、体育场馆的分类

体育场馆是多种多样的,按照功能的不同或者划分标准的不同,可以将体育场馆分成多个种类。

(一)按照使用性质不同划分

根据体育场馆不同的使用性质,可将其分为体育比赛场馆、教学训练场馆和健身娱乐场馆三类。

1. 体育比赛场馆

体育比赛场馆一般会承办一些大型的体育赛事,因此,其建设是有严格的要求的。这类体育场馆的场地、器材等的建造必须遵循国际奥林匹克委员会和世界各单项体育协会的要求,并且要设置看台观众席,另外还要设置必不可少的辅助设施,以便各种比赛都能在此类体育场馆中进行。

2. 教学训练场馆

教学训练场馆要按照训练和教学的实际需要对体育场馆进行建设。这种类型的体育场馆一般不设置观众席,辅助设施也相对简单,但是也有少数场馆会设置少量的看台。以教学训练作为使用目的的体育场馆大小不一,设施等也基本不能满足竞赛的需要,但是一般能满足教学和训练的基本要求。

3. 健身娱乐场馆

健身娱乐场馆主要包括健身房、体操管、康体中心等体育场馆,建设这种体育场馆主要是为了满足大众健身娱乐的需要,这些体育场馆除了会给大众提供体育健身设施外,还会提供健康指导、运动处方等服务。

(二)按照经营性质不同划分

根据体育场馆不同的经营性质,体育场馆可分为公益型体育场馆、商业型体育场馆、混合型体育场馆三种类型。

1. 公益型体育场馆

我国的大型公益型体育场馆主要有国有性质的体育场馆和单位所属体育场馆两个类型。

(1)国有性质体育场馆。

国有性质的体育场馆的用途主要是进行运动训练和运动竞赛,还会举办一些福利性的社会体育活动,这种类型的体育场馆规模在中等或者中等以上,大型的体育场馆在我国一般都是国有性质的。

(2)单位所属体育场馆。

单位所属体育场馆主要指的是学校或一些企事业单位所属的体育场馆,主要是为了满足学校学生及教职工的学习和活动需要,满足企事业单位职工的群体活动需要。随着社会的不断发展,单位所属体育场馆也逐步地对社会公众开放,但一般都是有偿开放的。

2. 商业型体育场馆

由个人或者公司负责经营与管理的，以营利为目的的体育场馆就是商业型体育场馆，主要包括健身馆、室内网球馆、室内足球馆、室内篮球馆等。随着我国市场化进程的发展，商业型体育场馆近些年在我国出现并快速发展起来。

3. 混合型体育场馆

混合型体育场馆指的是既能举办专业性赛事也能举办综合性体育赛事比赛的体育场馆。我国的体育场馆大多数属于这种类型，如北京工人体育场就是大型混合型体育场馆，其占地面积为 35 万平方千米，可以容纳 7 万多名观众观看体育比赛，既能举办专业化的足球比赛，也能举办综合性的体育比赛。

（三）按照建设规模不同划分

集中修建的体育场馆在一定程度上代表了竞技体育发展的高度，通常我们会把这种集中修建的体育场馆称为体育中心或者体育公园。体育中心包含的建筑有很多，比如供运动员和工作人员居住的处所、新闻中心、记者村、停车场、办公楼等。

根据体育中心的建设规模不同，可将体育中心分为特大型体育中心、大型体育中心、中型体育中心和小型体育中心四类，具体的标准和内容如表 1-1 所示。

表 1-1　按建设规模不同划分的体育场馆

体育场馆类型	占地面积（公顷）	可容纳观众（人）	举例
小型体育中心	<20	≤5 万	南京五台山体育中心、英国伦敦水晶宫体育中心
中型体育中心	20~60	5 万~10 万	南宁体育中心、加拿大蒙特利尔奥运会体育中心
大型体育中心	60~200	10 万~15 万	国家奥林匹克体育中心
特大型体育中心	>200	>15 万	阿里亚梅尔体育中心

需要注意的是,不管是哪种类型的体育中心,都必须具备的"三大件"是体育场、体育馆和游泳池,如果不具备其中的任何一样,都不能称其为体育中心。

当前,世界上规模较大的体育场馆主要分部在体育发展比较强的发达国家,表1-2为世界十大著名体育场馆。

表1-2 世界十大著名体育场馆

序号	体育场馆名称	所在国家	所在城市	可容纳观众人数（万人）
1	马拉卡纳体育场	巴西	里约热内卢	20
2	诺瓦坎帕体育场	西班牙	巴塞罗那	15
3	帕那比体育场	智利	圣地亚哥	13.5
4	汉普顿体育场	英国	苏格兰格拉斯哥	13.4
5	伊伯罗克斯体育场	英国	苏格兰格拉斯哥	11.8
6	阿兹特克体育场	墨西哥	墨西哥	11.2
7	中央体育场	德国	莱比锡	11
8	皇家温布莱体育场	英国	伦敦	10
9	奥林匹克体育场	德国	柏林	10
10	列宁体育场	俄罗斯	莫斯科	10

(四) 按照使用用途不同划分

根据体育场馆使用用途的不同,可将体育场馆分为专用性体育场馆和综合性体育场馆两种类型。

1. 专用性体育场馆

专用性体育场馆是从两个层面来说的,一是专用体育项目,二是专用人群。

专门用于一种或一类运动项目而建造的体育场馆是专用性体育场馆的一种,这种体育场馆用途比较单一,如游泳馆只能开展游泳、跳水、水球等与水有关的运动项目;高尔夫球场只能进行高尔夫运动等。这种体育场馆从命名上就能表明其用途,如东单游泳馆、北京射击馆等。

另外一种专用性体育场馆指的是专门为某一人群或群体建造的体育场馆,比如专门为残疾人提供服务的体育场馆。

2. 综合性体育场馆

综合性体育场馆能够开展多种体育运动项目,能够满足不同人群的健身娱乐需要。比如首都体育馆可以开展篮球、排球、乒乓球、体操等运动项目,北京工人体育场可以开展足球、田径等运动项目。

体育场馆分为室内和室外,据此其命名方式也有所不同。通常将封闭式的室内体育场馆命名为体育馆,如北京体育馆、首都体育馆;将室外的体育场馆命名为体育场,如上海虹口体育场、昌平自行车运动场。

(五)体育场馆的其他分类依据及特点

除上述的分类依据外,对体育场馆类型的划分还有其他不同的依据,具体如表1-3所示。

表1-3 体育场馆的其他分类依据及特点

分类依据	具体类别	特点
按照聚散程度不同划分	独立场馆	具有独立的安保封闭线,只有持门票或其他有效证件才能进入,如广州体育馆、北京大学体育馆等
	体育中心	由多个场馆集聚而成的体育建筑群,具有共用的安保封闭线,持门票或其他有效证件经过二次查验才能进入,如国家奥林匹克体育中心、广州天河体育中心
	体育公园	以体育运动为主题,为人们提供健身、娱乐、休闲、文化等服务的城市综合性公园,如奥林匹克公园
	体育产业园区	在体育元素的基础上集聚了休闲、娱乐、养老、健康等元素,对区域体育产业发展起示范、带动作用的体育产业集聚区,如环青海湖国家体育产业基地、淳安国家体育产业基地
按照承办赛事不同划分	特级体育场馆	承办亚运会、奥运会及世界级比赛
	甲级体育场馆	承办全国性和单项国际比赛
	乙级体育场馆	承办地区性和全国单项比赛
	丙级体育场馆	承办地方性、群众性运动会

续表

分类依据	具体类别	特点
按照产品特性不同划分	竞技体育设施	产品特性:介于公共产品和私人产品之间,可进行产业化运作 场馆设施:包括竞技比赛场、馆、设备及配套设施
	娱乐体育设施	产品特性:私人产品,需要进行产业化运作 场馆设施:休闲、娱乐等体育设施
	群众体育设施	产品特性:公共产品,不可进行产业化运作 场馆设施:群众体育健身的基础设施

第二节 体育场馆的发展历史

体育场馆是人们开展体育活动的最基本的物质条件,体育场馆的发展受到不同时期政治、经济、文化的发展。

一、我国体育场馆的发展变迁

在我国体育发展的各个历史时期都可以发现相应的用于体育活动的体育场馆,下面我们一一进行介绍。

(一)我国古代体育场馆的发展历程

1. 先秦时期

按照社会阶级和运动项目、运动规模的不同,先秦时期的体育场馆有很多种类型。先秦时期纷争不断,根据当时的社会背景和经济发展条件,人们最常进行的运动为射箭、游泳、投石等,人们进行这些活动,不仅是为休闲娱乐,还是为战争做准备。

根据社会阶级的不同和运动规模的不同,先秦时期修建了各种不同的射箭场所,如射庐、学宫、射宫和射圃,其中,射庐是奴隶主阶级进行射箭的场所;学宫是奴隶主阶级的子弟学习射箭的场所;射宫是大臣们进行射箭的场所,射宫的配置相对高级,有专门的人进行管理,另外还设有休息堂,休息堂两侧的台阶处还留有乐队的位置;射圃是进行大规模的射箭时使用的场所。

在先秦时期,为了训练水军,齐桓公专门修建过方形游泳池,以训练士兵的游泳技能。另外,为了训练士兵超距和投石的能力,人们修建了田径场,为了训练士兵的车站战术和能力,人们还专门修建了赛车场。

2. 汉唐时期

汉唐时期的体育场馆以鞠城(蹴鞠场)最为著名。鞠城一般只在皇宫建造,其周围建造有看台,共九级台阶,便于皇帝等贵族观看蹴鞠比赛;蹴鞠场共有6个球门,每个球门都是一个室,室内装饰比较华丽。

汉唐时期还有一种比较著名的体育场馆——角抵百戏场。这种体育场馆没有什么特别的设施,但场地比较大,可开展多种运动项目,如角抵、马术、戏车、武打、举重等。

到了唐朝,马球十分流行,进行马球运动的体育场馆——马球场也比较受重视。皇宫建造的马球场规格相对较高,场地不能长草、不能出现扬尘现象,马球场的周围都要建造围墙,而且要设置殿堂(看台)供王公贵族观看马球比赛,除此之外,为了便于晚间进行或观赏马球比赛,皇宫马球场还建造了烛台来照明。著名的皇宫马球场有三殿球场、华清宫球场、中和殿球场等。在唐朝,不仅皇宫可以建造马球场,驸马、大臣等官员家中也可以建造私人马球场,寻常百姓也可以进行马球运动,但供寻常百姓运动的马球场建造的位置是有限制的,只能在长安街的主要街道上建造。

3. 宋元时期

宋元时期的摔跤运动比较流行,摔跤擂台在这一时期被广泛建造。除此之外,宋元时期蹴鞠(足球)运动依然比较盛行,但其体育场馆与汉唐时期相比有很大的不同,球门不再建造为室,而是建造为"风流眼"。

4. 明清时期

明清时期比较盛行的体育运动是捶丸,相应地就会修建专门进行该项运动的捶丸场,但一般只在皇宫中建造。滑冰作为一种冬季的嬉戏休闲项目,也有其特有的简易滑冰场。这个时期的赛马也比较流行,赛马需要比较大的场地,一般在天然的大自然中进行,比如"木兰围场"就是专门为皇帝准备的赛马场。

(二)我国近代体育场馆的发展历程

1. 中华人民共和国成立之前

在中华人民共和国成立之前,受封建统治的影响,加之鸦片战争后使我国逐渐沦为半殖民地半封建国家,我国的体育事业发展几乎停滞,体育场馆更是屈指可数。

1915年教育主管部门要求全国各省都要兴建体育场馆,在这一指令的引导下,到1929年,我国的体育场馆数量达到了1142个。1931年,比较著名的南京中央体育场建成,该体育场馆在当时的规模算是比较大的,能够容纳6万名观众,有田径场、游泳池、篮球场、排球场等场馆。[①]

在中华人民共和国成立之前我国相对正规的体育馆和体育场共有26个,这些场馆分布在北京、上海、广州等少数几个大城市,这仅有的正规体育场馆也不是谁都可以使用的,仅仅对外国人和少数的中国人开放。

在中华人民共和国成立之前,为华北运动会兴建的一批体育场馆是非常值得一提的。这一体育赛事在1913—1934年一共举办过18届,比赛地点分散在华北各城市,包括北京、天津、太原、沈阳、开封等,举办运动会的城市都兴建了很多具有一定规模的体育场馆,拿河南体育场来说,该体育场馆可容纳5万名观众,建造有篮球场、排球场、足球场、田径场、网球场等,还配有办公楼、游泳池、儿童游乐场等设施。

2. 中华人民共和国成立之后

中华人民共和国成立以来,我国社会不断地进步与发展,体育事业也随之蓬勃发展,体育场馆也得到了相应的发展。

20世纪50年代,我国在大中城市有计划地兴建了一批体育场馆。其中,北京工人体育场是这个时期建造的一个最大的体育场,其建成于1959年,能够容纳8万名观众。

20世纪60年代,一批中大型的体育场馆在我国建造起来。比较著名的有北京工人体育馆,可容纳1.35万名观众,还有首都体育馆,可容纳1.8万名观众。

20世纪70年代,这一时期修建的体育场馆更加具有现代化特征,除兴建正规的体育场馆外,这一时期全国各地还都修建了一批供百姓进行休闲

---

① 赵钢,雷厉.体育场馆经营管理概论[M].北京:北京体育大学出版社,2007:52.

健身活动的休闲体育活动场地。

我国实行改革开放以来,经济发展发生了翻天覆地的变化,体育场馆的建设也在我国政府的政策和经济的支持下得到了不断的发展。同时,国家还拓宽投资渠道,引进企业投资兴建体育场馆。因此,体育场馆在这一时期得到了极大的发展。加之这个阶段我国举办了北京亚运会、全国运动会等体育赛事,这在一定程度上也推动了体育场馆的建设发展。

进入 21 世纪以后,我国的体育场馆更是向着专业化、科技化、标准化、国际化的方向发展,体育场馆的建设融入了大量的高科技和新工艺,与此同时,体育场馆周边配套设施的建设也发展迅速,使我国体育场馆的建设和发展迈入了健康的发展轨道。

二、我国体育场馆的发展现状及问题分析

近年来,我国体育场馆的发展十分迅速,为我国举办各种体育赛事提供了物质保证,为我国体育事业的发展作出了巨大的贡献。第六次全国体育场地普查是继 1974 年、1983 年、1988 年、1996 年、2003 年的又一次全国范围内的体育场地普查,根据普查情况,本书对我国体育场馆的发展现状做了以下的分析。

(一)全国体育场地基本情况

对比第六次全国体育场地普查的数据与第五次的数据,很明显就能看出我国体育场馆发展之迅速,具体如表 1-4 所示。

表 1-4 第六次与第五次全国体育场地普查数据对比

全国体育场地普查	体育场地个数（万人）	用地面积（亿平方米）	建筑面积（平方米）	场地面积（亿平方米）
第五次（截至 2003 年 12 月 31 日）	85.01	22.5	7527.2 万	13.3
第六次（截至 2013 年 12 月 31 日）	169.46	39.82	2.59 亿	19.92

由表 1-4 的数据来看,两次体育场地普查间隔的 10 年间,我国体育场地的个数几乎翻倍,平均每万人平均拥有的体育场地个数由 2003 年的 6.85 个增长为 2013 年的 12.45 个,这充分显示了我国体育场馆的建设速度之快。

虽然我国的体育场馆的数量增长速度较快,已经具有了一定的规模,但是与美国、日本等发达国家平均每万人拥有两百多个体育场馆的情况相比,我国体育场馆还是存在数量少、人均面积少的情况。

(二)全国体育场地分布情况

根据第六次全国体育场地普查数据可知,我国共有体育场馆169.46万个,对这些体育场馆的分布状况进行分析,也能看出我国体育场馆发展存在的一些问题,具体如下。

1.体育场馆按系统分布

在169.46万个体育场馆中,属于体育系统管理的有2.43万个,属于教育系统管理的有66.05万个,属于军队系统管理的有5.22万个,其他系统管理的有95.76万个,具体如表1-5所示。

表1-5 我国体育场馆按系统分布的数量及面积情况

系统类型		场地数量(万个)	数量占比(%)	场地面积(亿平方米)	面积占比(%)
总计		169.46	100	19.92	100
体育系统		2.43	1.43	0.95	4.79
教育系统	合计	66.05	38.98	10.56	53.01
	高等院校	4.97	2.94	0.82	4.15
	中小学	58.49	34.51	9.29	46.61
	其他教育系统单位	2.59	1.53	0.45	2.25
军队系统		5.22	3.08	0.43	2.17
其他系统		95.76	56.51	7.98	40.03

由表1-5数据可知,教育系统的体育场馆占我国体育场馆比例是最大的,可以说我国的大多数的体育场馆是属于学校教育系统的,但是学校体育场馆的对外开放率是很低的,大多只为学生服务,这说明我国体育场馆的利用率总体上相对较低。

2.体育场馆按类型分布

在第六次全国体育场地普查中,一共普查到了82种体育场馆的主要类型,数量为154.01万个,建筑面积为17.92亿平方米,占体育场馆面总建筑面积的91.93%。在这82种主要体育场馆类型中,数量排名前五的场地类型的具体情况如表 1-6 所示。

表 1-6　主要体育场馆类型中排名前五的场馆类型情况

场地类型		场地数量(万个)	数量占比(%)
我国体育场馆总数量		169.46	100
82 种主要类型体育场馆		154.01	93.77
排名前五的体育场馆类型	合计	124.80	75.99
	篮球场	59.64	36.32
	全民健身路径	36.81	22.41
	乒乓球场	14.57	8.87
	小运动场	8.91	5.42
	乒乓球房(馆)	4.87	2.97

由表 1-6 的数据可知,我国排名前五的体育场馆篮球场、乒乓球场馆、全民健身路径、小运动场的数量高达总数量的 75% 以上,这在一定程度上反映了其他类型的体育场馆数量少以至于无法充分满足大众的多元化健身需求,也在一定程度上制约了许多其他运动项目的展开。

3. 体育场馆按城乡和地区分布

我国体育场馆按城乡分布的情况如表 1-7 所示,按地区分布的情况如表 1-8 所示。

表 1-7　我国体育场馆的城乡分布情况

体育场馆	城镇体育场馆		乡村体育场馆	
	数量(万个)	场地面积(亿平方米)	数量(万个)	场地面积(亿平方米)
合计	96.27	13.37	67.97	6.13
室内体育馆	12.87	0.54	2.73	0.05
室外体育场	83.40	12.83	65.24	6.07

表 1-8　我国体育场馆的地区分布情况

地区	省份数量(个)	场地数量(万个)	场地面积(亿平方米)
合计	31	164.24	19.49
东部地区	10	71.10	9.38

续表

地区	省份数量(个)	场地数量(万个)	场地面积(亿平方米)
中部地区	6	40.37	4.18
西部地区	12	42.63	4.28
东北地区	3	10.12	1.65

由表1-7和表1-8中的数据可知,我国体育场馆中室内的体育馆较少,以室外的体育场为主,这体现了我国体育场馆结构发展不均衡的状态;且体育场馆呈现出城乡发展不均衡、地区发展不均衡的情况,这在一定程度上制约了经济发展水平较低地区和农村地区的人民开展体育运动。

4.体育场馆产权性质分析

在产权性质方面,我国大部分的体育场馆的经济成分都属于国有经济,以上海和广东为例,其体育场馆的经济成分情况如表1-9所示。

表1-9 上海市、广东省体育场馆经济成分情况

地区	经济成分类别	体育场馆个数(个)	所占比例(%)
上海市	国有经济成分	9704	67.27
	集体经济成分	3146	21.81
	私有经济成分	960	6.66
	港澳台经济成分	359	2.49
	外资经济成分	256	1.77
广东省	国有经济成分	49176	63.4
	集体经济成分	19245	24.8
	私有经济成分	6464	8.3
	港澳台经济成分	1810	2.3
	外资经济成分	897	1.2

以小见大,由表1-9的数据可知,国有经济成分的体育场馆在所有体育场馆占比中的比例是最高的,这种现象既有优点,也有很大的缺点,国有经济占比大对体育场馆的规范化管理大有益处,但是民间资本投入不足,经济成分单一是不利于我国体育场馆的长远发展的。

(三)体育场馆被占用情况分析

体育场馆被占用指的是体育场的使用性质发生了改变,从而导致出租、转让体育场地的违规违法现象出现。体育场馆被占用分为以下两种情况:

第一,体育场馆因缺乏管理和维护出现自然损坏。

第二,原有的体育场馆被非法侵占或挪用。

根据第六次全国体育场地普查的数据可知,除海南省、西藏自治区和宁夏回族自治区外,其他省、直辖市、自治区等都存在占用体育场馆的情况,当前,我国体育系统的体育场馆被占用的具体情况如表1-10所示。

表1-10 我国体育系统被占用体育场馆的情况

被占用体育场馆个数（个）	被占用体育场馆面积（万平方米）	被占用体育场馆面积占体育系统场馆的比例(%)
303	245	1.4

体育场馆被占用是造成我国体育场馆短缺的一个重要原因,其十分不利于我国体育事业的长足发展。为此,我国在1995年颁布的《体育法》对破坏、非法占用体育场馆的行为及法律责任做出了相关的法律规定。即使这样,破坏、非法占用体育场馆的情况并没有被完全杜绝,政府相关部门应对《体育法》进行修改与完善,以保护我国体育场馆的健康稳步发展。

第三节 体育场馆的建造

一、体育场馆的选址

在建造体育场馆之前,最重要的就是选址,选址要遵循一个原则——从大处着眼,注重利用宏观环境。

(一)体育场馆的选址评估

在确定体育场馆的选址之前,要对选址进行综合评估,从而选出最合适的位置。一般情况下,选址评估要从以下几个方面着手:

第一,要对选址基地的面积和土地价格进行考察评估,然后观察选址的地形地貌和周围的市政设施是否会对日后的施工产生影响。

第二,要对相关的规划、法规、规定及政策进行充分了解,评估相关内容是否对基地有其他方面的限制。

第三,对选址基地的日照条件、通风条件进行考察,另外要充分考虑到选址基地周围建筑、环境和背景噪声等是否会对体育场馆的良好效果产生不良影响。

第四,对选址基地与道路的连接和规定以及选址基地周围街道的宽度和进出方向进行评估,将汽车出入场馆的方便程度考虑进去。

第五,结合选址基地周围的环境,对体育场馆建成后的效果进行预测,评估在此建造体育场馆能否突出场馆形象。

（二）适宜建造体育场馆的地段

体育场馆是人们进行体育锻炼、娱乐休闲的场所,通常情况下,适宜建造体育场馆的地段都相对较好。总体来说,适宜建造体育场馆的地段如图1-1所示。

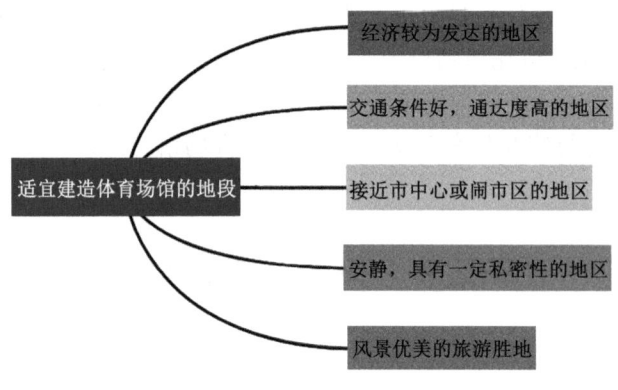

图1-1　适宜建造体育场馆的地段

二、体育场馆的结构布局

（一）体育场馆的功能分析

无论是哪种类型的体育场馆,无论其规模大小,基本都包括四个主要的功能区:宾客接待区、场地区、公共活动区、后勤管理区。

体育场馆结构布局的原则：一是要充分满足宾客的需求；二是要使体育场馆的功能充分发挥，使经营效益最大化。具体要做到以下几点：第一，在最大限度地满足顾客需求的同时要体现经济效益；第二，顾客使用的一切设施要和员工使用的设施分开；第三，体育场馆的建设要合乎规范要求，同时要注重美感与文化氛围的结合。

（二）体育场馆主要功能区的结构布局

1. 体育场馆外环境

在对体育场馆的外环境进行设计和塑造时，要考虑的因素有很多，比如体育场馆的朝向、通风、交通、消防、景观、绿化、防噪声等相关的工程。外环境的塑造要尽量做到绿色美观，要使体育场馆的形象突出，还要注意外环境和内环境的协调性，另外，设计时还要考虑节能环保。

2. 体育场馆的接待区

体育场馆的接待区是人流出入最多的区域，是体育场馆中最重要的一个公共活动区域。接待区的设计在一定程度上可以代表整个体育场馆设计的水平，能够直接体现体育场馆的形象，所以在建造体育场馆时，一定要对该区域重点设计，突出体育场馆的氛围和文化品位。

接待区的大门可设计成旋转门，但是要注意隔音、防尘措施要做好，还要注意节能环保；接待区内的空间要做好规划，做好功能区分和空间分隔，避免出现线路交叉干扰的现象，可以使用地毯、雕塑、台阶、沙发、隔断等进行装修分隔；体育场馆接待区的前台位置设置得要明显，也要配备相应的办公设备；接待区还应设置休息区、洗手间、书报栏、服务示意图等设施，为顾客提供全方位的服务。

3. 体育场馆的场地区

体育场馆的场地区是人们进行娱乐健身、观看比赛和参与比赛的主要场所，是体育场馆的主体，也是体育场馆存在的基础。场地区的设计一是要合乎比赛规则的要求，另外也要突出安全、经济的特点。

4. 娱乐休闲设施

现代体育场馆大多会设置娱乐休闲设施以便充分满足顾客的需求。娱乐休闲区也是体育场馆的重要场所，也在一定程度上代表了体育场馆的水平和形象。

娱乐休闲区的设施包括电子游戏厅、棋牌室、按摩室、水吧、桑拿浴室等,不同的体育场馆可根据自身的需求对这些设施进行选择。娱乐休闲设施的布局也是根据体育场馆的其他情况配套设计的,占地大小和设施的繁简虽各有不用,但都要进行合理的规划。

5. 行政办公区及员工生活房

行政办公区及员工生活房是体育场馆员工活动的主要区域,这一区域要和顾客活动的区域分开,布局遵守互不干扰的原则。

行政办公区大多设置在体育场馆的后部,也有许多体育场馆会把这一部分设置在体育场馆的地下室,但需要注意的是,无论设置在哪里,为了方便,人事部和采购部都要注意靠近体育场馆的出入口。

员工生活用房包括员工宿舍、更衣室和餐厅等,这一部分一般也要设置在体育场馆的后部或者地下室。

6. 各类工程用房

工程用房包括电工房、维修中心、消防中心、监控室、电脑机房等,这些工程用房的布局都应该紧凑,还要根据特点和用途合理布局其位置。

三、体育场馆的环保设计

随着"可持续发展""绿色环保"等概念深入人心,环境因素已经成为现代体育场馆建设需要考虑的重要因素。体育场馆在建设中需要考虑的环保因素主要包括五个方面的内容,具体如下所述。

(一)能源效率

建造体育场馆是需要一定的能源的,但所需的能源量越少,生产能源所需要的原材料及燃料也就越少。因此,建筑体育场馆时要选择效率较高的能源,且要综合考虑率结合使用热量、建筑结构或场地本身的潜在能源,另外,风能、海水能、太阳能、水力发电能源也要考虑能否使用,这些自然能源或可再生能源如果能够被利用,就可以减少对不可再生能源的使用。

在建造体育场馆时能源效率固然重要,但也要考虑有效利用能源要花费的成本和后续的运行维护成本等。

(二)回收资源的利用

体育场馆的建造不仅要在建筑材料的选用上进行充分的考虑,还要合理控制管理废物的处理以及对相关环境造成的影响的处理,以降低垃圾管理的成本。在进行原材料的采购时,就要估计原材料可能会产生的废物的量,在体育场馆设计和运行中,如果能使用回收的材料就要尽量使用。

(三)材料使用

在建造体育场馆时,要尽可能地选择天然资源作为建筑材料,比如可选择能够更新资源库的木料,而不选用钢材、混凝土等。另外还要充分考虑所选用的材料在开采、加工、制造、运输等方面的耗能和污染产生量,尽量做到耗能少且污染少。除此之外,还要考虑选用材料的质量,尽可能地延长更换材料的周期。还需要注意的是选用材料时一定要尽量不要使用有毒物质制造出来的材料。

(四)水贮藏

水是非常珍贵的自然资源,在体育场馆建设和运营的过程中都要注意节约用水。可采用的方法主要有以下两种:一种是水贮藏,可以在体育场馆的各个部分都设计可以收集储藏雨水的装置,这样就可以用这些雨水来灌溉体育场馆的草坪,也可以利用收集的雨水冲洗厕所;另一种是循环利用水资源,可以通过节水器、水槽控制器等设施的使用对水资源进行循环利用,以达到节约水资源的目的。

(五)电力和能源

对体育场馆的能源进行有效的管理,能够使能源发挥出巨大的潜能。通常情况下,体育场馆都拥有面积巨大的顶棚,对顶棚加以利用,安装太阳能板和光生电池,能够为体育场馆提供很多的电力资源。

第四节 体育场馆的配套设施

一、体育场馆的照度标准

照度指的是光照强度。首先,照度应该为运动员充分发挥技术水平提供良好的光线条件。其次,照度要能使观众清晰地看清运动员的动作、体育器械、球体运动等。最后,照度要能满足电视转播的服务。

需要注意的是,体育场地、运动项目、观众人数、观众最大视距的不同,对照度的要求也是不同的,照度要根据实际的具体情况合理设计。

二、体育场馆的看台

(一)看台的概述

看台设计的主要标准有两个:一是能够安全方便地对观众进行疏塞;二是能够给观众提供良好的视觉条件。因此,在设计看台时要根据不同的场地和不同的运动项目,使大部分的看台席位都能在方位好、视距短的位置。

看台与比赛场地之间应设置一定距离的分隔和防护,一方面是为了保护观众的安全,另一方面也是对运动员的一种保护,同时也能防止观众对比赛场地进行干扰。

看台应包含主席台、记者席、评论员席、运动员席、一般观众席和残疾观众席。其中,残疾观众席要设置一定的残疾人轮椅席位,位置要设置在方便残疾人观看且通行和疏散没有障碍的位置,残疾人观众席的地面上还应该设置国际通用的标志。其他席位根据类别的不同,也可对座位进行区别设计,可设置可移动软椅、带靠背软椅、带靠背硬椅、带靠背硬座、无靠背方凳、无靠背条凳等不同类型的座位。在安装座位时,要考虑以下几点因素:

第一,牢固,为观众的安全考虑。

第二,合理,方便清洁打扫。

第三,平整,避免座椅积水。

(二)体育场的看台

体育场通常指的是室外的体育场地,其看台座席的布置及要求如下所述。

1. 体育场看台座席布置

看台的设置直接影响观众观看体育赛事的体验和质量。通常情况下,室外体育场看台的平面会沿着跑道边设置,一般会采用直线或曲线的方式进行。如果体育场只在一边设置看台,通常会设置在体育场的西侧;两边的看台一般会设置在体育场的东西、东南、东北等方向;三边的看台则会设置在东、西、南或者东、南、北方向。

2.体育场看台座席布置要求

看台观众席要按照方位单元进行布置,优先选择在东西方向设置看台,其中,看台设置在西边是最好的。看台上要设置运动员席、来宾席、贵宾席等席位,如果是正式的比赛,只设置座席而不设置站席。

为了使观众有更好的观赏比赛的体验,看台观众的分配通常按照以下方式进行:如果体育场四个方向均设有看台,那么东西向的看台各分配总观众数的 1/3,南北向的看台共分配总观众数的 1/3。

主席台通常设置在西向的看台上并且与普通的观众席分开,可设置在普通观众席的上部或者中间位置,主席台的位置距离比赛场地的距离不宜过远或者过近,视距最好在 8~14 米之间,还要有一定的高度,一般是在 10 排之后的位置,这样会有比较好的深度感。

运动员席一般设置在主席台两侧的座席上,另外要注意运动员座席应设置在出入场方便或者距离比赛跑道起点较近的位置。

(三)体育馆的看台

体育馆通常指的是室内的体育场地,室内多功能体育馆的座席共有两种类型:固定座席和活动座席。

固定坐席是体育馆必不可少的设施。多功能室内体育场馆可以进行体育比赛,也可以进行文艺表演。通常情况下,体育比赛可以从多个方向进行观赏,而文艺表演只能从一个方向进行观赏,为了兼顾体育场馆比赛和演出的不同需求,中小型体育场馆看台的固定座席可以采取不对称的方法进行布置,这样可以为文艺表演争取到更多的座席位置,大型体育场馆由于受到最大视距的限制,一侧看台几乎就可以满足观赏文艺表演的观众量,因此一般不采用不对称的方式进行布置。

活动座席是为了满足实现设计要求而设置的,也是体育馆的必要设施之一。活动看台的型式多种多样,具体如图 1-2 所示。

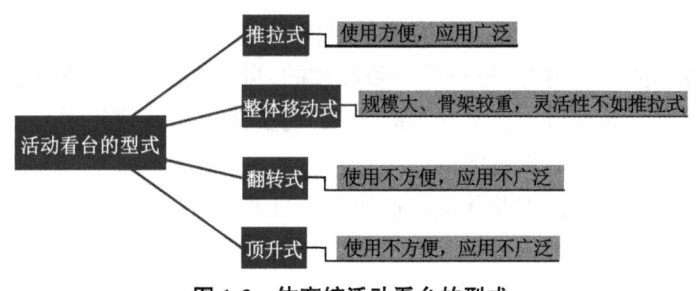

图 1-2 体育馆活动看台的型式

活动看台一般设置在场地内侧或者场地四周,不设置在场地的两端,因为将看台设置在场地两端可能会出现视线盲区,给观众带来不好的观赏体验。

三、体育场馆的计时记分系统

(一)计时记分系统的基本要求

当体育场馆进行比较大型的体育比赛时,必须要设置一块计时记分牌,用以显示竞赛比分或其他信息;如果是田径比赛,计时记分牌要能够显示排前八位的运动员的成绩。如果是重大的体育赛事,还要再另外设置一块视频显示屏,用以显示活动的图像,有时也可以将计时记分牌和视频显示屏的功能合到一块显示屏上。

体育场馆的计时记分系统一方面应尽量满足各种不同项目的技术要求,另一方面也要满足各单项体育组织的相关规定。如果体育场馆内会经常举办一些国际性的比赛,那就应该配置负荷等级为最高级的固定式电子计时记分装置。

根据体育场地室内室外的不同,计时记分显示系统的安装要求也有所不同。室内计时记分牌放置的位置要尽量使全场绝大部分的观众都能够看清楚,其显示方式和具体的尺寸要符合比赛项目的特点和相关规定,但一般计时记分牌的长宽比例应为3:1。室外的计时记分牌安装以显示面朝北背阳为准,如果是装在体育场的侧墙上,以装在南端看台上为宜,因为背光显示效果好,装置的底部至少要距离地面2.5米以上,如果是装在赛场中央,要以不影响比赛为准。

(二)计时记分显示系统的种类

计时记分显示牌最常见的有两种形式:一种是满天星式的,可以显示体育场内各项活动的内容;另一种是条框式的,可以显示标语、参赛队伍及其成绩等信息。随着科学技术的不断发展,现在体育竞赛使用最广泛的计时记分显示牌是大型的彩色屏幕。

常见的显示屏种类及其优缺点如表1-11所示。

表 1-11 常见计时记分牌显示屏种类及其优缺点

显示屏种类	原理	优点	缺点
电子计时记分显示屏	利用电流控制显示屏中磁性翻板,利用翻转或不翻转达成显示文字与数字的目的	外来光线越强,显示越清晰。非常适合室外场地	长期在室外使用会变形、腐蚀、转动失灵。近年已逐步被淘汰
白炽灯电子计时记分显示屏	利用电流控制显示屏中的某些像素点发光或不发光来达成显示文字与数字的目的	本身能发光,光线颜色可随喜好而改变。非常适合室内场地	白炽灯寿命短、耗电量大。近年已逐步被淘汰
发光二极管电子计时记分显示屏	与白炽灯电子计时记分牌显示原理一样,只不过发光体不是白炽灯而是发光二极管	寿命长、耗电小、亮度高、颜色丰富。室内外均可使用	—

四、体育场馆的卫生设备

(一)更衣室与存衣设施的布置

游泳池、体育馆内的更衣室和存衣设备设置最主要的原则就是满足顾客和运动员的使用需求。更衣室和存衣设备的数量要根据体育馆能容纳的最大人数以及其使用的方式来确定。

国际游泳、体育和文娱设施委员会关于更衣室与存衣设施的数量有以下规定:室外游泳池平均每平方米水面要设置0.2~0.3个衣柜;室内游泳池每平方米水面要设置0.6~1个衣柜;更衣室的长凳也要按照每人不少于0.75米来设置。

(二)沐浴、厕所设施的规定标准

按照国家相关规定,游泳池辅助用房必须要设置沐浴室、更衣室与厕所,以满足比赛和平时的综合应用。如果游泳池是对外开放的,进行游泳的人员必须沐浴后方可进入泳池游泳,因此,更衣室、沐浴室到泳池之间不能有土路面。体育馆的沐浴室男、女要各设一套,更衣室的衣柜应设置在10~20个,淋浴应设置在6~10个。如果体育馆经常举办国际性的比赛,应保证国内运动员和国外运动员能够分开使用沐浴室,因此,男、女可各设置两套沐浴室。需要注意的是,沐浴室的位置要设置在通风良好的地方。

体育馆内的厕所应设前室,卫生器具的数量也要符合相关的规范要求。男女厕所都要设置残疾人专用厕所。每一个厕所可设置两个出入口,以提高厕所的使用率。另外要特别注意厕所的通风问题,最好设置排风系统,以便及时除味。

第二章 体育场馆运营管理的基本理论

体育场馆在体育事业发展的过程中有至关重要的作用,因此,加强体育场馆的运营和管理工作对体育事业的发展也是至关重要的。本章首先对体育场馆运营管理的基本内容加以阐述;其次,对体育场馆运营管理的现状进行了分析;最后,对体育场馆运营管理的趋势做了分析并针对体育场馆在运营管理中存在的问题提出了相关的对策。

第一节 体育场馆运营管理概述

在探究如何进行体育场馆的运营管理之前,必须要先明确两个问题:一是谁对体育场馆进行运营管理的;二是运营管理的对象是什么。基于此,我们先对体育场馆运营管理要素进行分析,为之后的阐述打下基础。

一、体育场馆运营管理要素构成

体育场馆运用管理的要素主要由三个部分构成:运营管理主体、运营管理客体、运营管理环境。只有这三个管理要素之间实现有机协调,才会有良好的运营管理效果,继而使运营管理利益达到最大化。

运营管理的主体是影响运营管理结果的能动力量,主要包括参与体育场馆运营管理的高层管理者、内部员工、场馆内的各种专业服务人员以及到体育场馆参与活动的顾客。

运营管理的客体是运营管理主体作用的对象,指的是体育场馆的场地、设施等有形物质,还包括场馆的声誉、品牌、专利、商标等无形物质。

运营管理环境主要分为内环境和外环境。内环境主要指体育场馆的制度和文化环境;外环境主要指社会政治、经济、法律、自然资源环境等。

体育场馆运营管理的三个要素之间也是通过三个过程联结起来的,具体如图2-1所示。

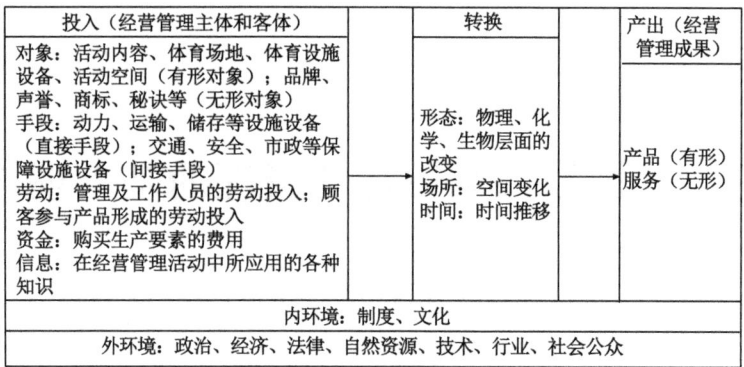

图 2-1 体育场馆运营管理要素及其联结过程

二、体育场馆运营及其内容

(一) 体育场馆的运营

运营实际上就是要通过一系列的活动去平衡外部环境、内部资源及市场需求,进而达成市场交易。

体育场馆的运营就是在市场经济的背景下,利用价格机制为体育场馆配置各种资源,然后依据等价交换的原则,为市场提供运动场地、运动设备以及服务等有形或者无形的产品。

(二) 体育场馆运营的主要内容

体育场馆运营的主要内容主要有两种:运营战略和运营策略。具体如图 2-2 所示。

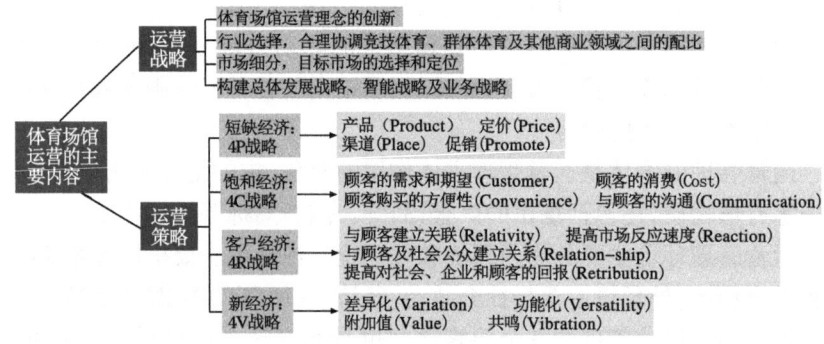

图 2-2 体育场馆运营的主要内容

三、体育场馆管理及其内容

(一)体育场馆的管理

企业管理主要就是为了解决两个方面的问题:一是做什么,二是怎么做。体育场馆的管理就是为了提升工作的效果,实现体育场馆的管理目标而进行的一系列计划、组织、协调、命令、控制等的过程。

体育场馆管理中最重要的工作就是要保证场地内所有设备的正常运行,同时能够保证场地内所预定活动的正常进行。

作为体育场馆的管理者,最大的特点就是要与人沟通交流,交流对象包括体育场馆内的工作人员、顾客,除此之外,更要做好与政府部门、其他企业的沟通,只有这样,才能有效获取信息以支撑体育场馆的持续发展。

(二)体育场馆管理的内容

体育场馆管理的内容主要包括运营管理、财务管理、营销管理、人力资源管理等,具体如图2-3所示。

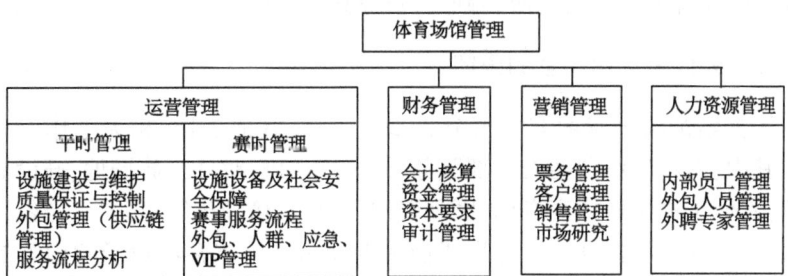

图2-3 体育场馆管理内容构成

第二节 体育场馆运营管理的现状分析

随着体育场馆的不断发展,其运营管理也已经形成了一定的模式。本节首先分析了国外体育场馆运营管理的现状,阐述了国外体育场馆经营的目的、内容、类型和优点,其次对国内体育场馆的运营管理现状进行了探究,并提出了国内体育场馆在运营管理中出现的问题。

理论与实践:体育场馆的运营管理

一、国外体育场馆运营管理现状

(一)国外体育场馆经营的目的和内容

1. 国外体育场馆经营的目的

从总体上看,外国体育场馆的类型不同,其经营的目的和方法都是有所不同的:

作为学校体育场馆,其经营的目的就是为学生进行体育锻炼和上体育课提供必要的物质保障。

作为公共体育场馆,其经营的目的就是为广大群众提供参与体育锻炼的场地。公共体育场馆也可以根据群众的具体需要,可以针对一些热门项目开展培训班,以此来获得一定的收益。

作为企业体育场馆,其经营的目的就是为企业职工锻炼身体提供必要的活动场所,使员工通过一定的体育锻炼提高身体素质。

作为商业体育场馆,其经营的目的就是谋求利润最大化,为人们提供相对高端的体育健身活动场所,赚取会费等其他费用。

2. 国外体育场馆经营的内容

体育场馆的经营内容主要分为基本工作、其他工作、相关工作三个部分。其中,基本工作包括俱乐部服务、开设培训班、对外开放场地、开设健身房等;其他工作包括体育咨询、医师咨询、指导员培训班等;相关工作就是信息服务、对外经济援助等。这里我们重点介绍国外体育场馆经营内容的基本工作。

(1)俱乐部服务。

由于俱乐部是有长远的运动计划和目标的,因此人们加入体育俱乐部运动有很多好处。加入体育俱乐部进行运动不仅能够受到督促使自己坚持运动,提高自身的身体素质和运动水平,而且能与其他俱乐部成员交流以提升自己与他人的交往能力。

以日本为例,日本的体育俱乐部主要有三种组织形式:一是学校毕业生及附近体育爱好者自发组织的;二是体育培训班的成员自发组织的;三是当地居民自发组织的。但无论俱乐部是由哪种方式组建而成的,他们都拥有属于自己的先进的体育场馆。

就日本的麒麟俱乐部来说,它是一个综合性的体育俱乐部,拥有游泳池、大型健身房、健身操房、壁球场、网球场、高尔夫球场等体育活动场地,还设置有休息厅、餐厅、桑拿房、停车场等辅助设施,另外还设置有游戏场,目的是供客人和儿童玩耍。其经营理念就是为客户提供运动锻炼的场地和必要的指导,主要目标是增进客户的身心健康,帮助顾客建立良好的人际关系。其经营还有以下特点:

第一,俱乐部的成员可以使用俱乐部内的所有场地和设施。

第二,俱乐部会有偿提供体质测试,并根据测试结果为俱乐部成员制订符合自身情况的运动锻炼计划。

第三,为俱乐部成员预订所需要的活动场地。

第四,俱乐部每年会安排两次会餐活动、比赛活动或其他形式的俱乐部成员集体活动,给俱乐部会员提供良好的交流机会。

第五,俱乐部设置的有有偿的托儿室,可以帮助家长带小孩以便家长能够安心地进行体育活动。

(2)开设培训班。

国外体育场馆开设培训班的目的是针对某一运动项目的技术进行有偿教授,这样一方面能让体育场馆的学员掌握这一运动技术,另一方面也能使体育场馆达到盈利的效果。开设培训班要注意根据学员的身体素质水平合理地安排授课的时间和时长。

(3)开设健身房。

健身房通常会设置许多专业性较强的体育运动器械,锻炼者对这些器械使用的掌握程度关系着他们在进行锻炼的过程中效果和自身安全问题,因此,经营健身房必须要配备专业的指导员。健身房里配备的指导员主要的工作涉及以下两个方面的内容:一是在锻炼者进行体育锻炼之前对其进行体质测试,指导员要根据测试的结果和锻炼者进行健身的目的,为锻炼者制订合理的健身计划;二是在锻炼者使用器械进行锻炼时,指导员要告诉他们器械使用的方法和注意事项,并给予一定的指导。

(二)国外体育场馆经营的类型

国外一些发达国家的经济水平发展程度都相对较高,人民的生活水平也相对较高,因此他们有足够的时间来进行体育休闲活动,并且人们对于运动的需求也不断增加,在这种背景下,国外不同的体育场馆也形成了与之相适应的比较稳定的经营类型。

1. 休闲式体育场馆

欧洲的一些国家有这样的规定,当社区成立了体育俱乐部之后,政府要为

理论与实践：体育场馆的运营管理

其投资兴建体育场馆以供群众进行休闲、娱乐活动，建成后的体育场馆一般由俱乐部全权接手进行经营管理，这种类型的体育场馆就是休闲式体育场馆。

休闲式体育场馆基本上实行的是会员制度，会员的会费、体育场馆的广告收入等是其经费的主要来源，休闲式体育场馆经营不追求盈利，只求收支平衡以维护体育场馆的正常运行。这种类型体育场馆的经营方式具有以下两个优点：

第一，由于体育场馆的人力成本和维护成本由俱乐部管理自筹，因此大大减轻了政府的经济负担。

第二，俱乐部是由社区的居民组建而成的，因此体育场馆可以进行民主化管理，可结合社区特点发挥本身运动专长。

2. 竞技式公共体育场馆

竞技式公共体育场馆一般也是由政府投资兴建的，但是建成之后是交由民间财团进行运营管理，目的是获取盈利，力求利润最大化。

竞技式公共体育场馆的经费来源主要是广告、商业比赛等，近些年，体育场馆还通过出售体育场馆的冠名权来增加收入，这种方式带来的收益是非常可观的。这种类型的经营方式具有以下几个优点：

第一，每月都可以获得固定的租金收入，收入稳定，能大大降低政府的经济负担。

第二，这种经营方式能使运动员的技能水平得到提高，能够使群众的体育需求得到充分的满足。

第三，这种经营方式在一定程度上可以满足现代职业体育运动的发展。

3. 混合式公共体育场馆

混合式公共体育场馆的经营方式一般来说有以下两种。

第一种是由政府提供体育场馆的建筑用地，由民间财团投资兴建，投资者不具有拥有的经营权，只可在有限的时间内进行经营。

第二种也是由政府提供体育场馆的建筑用地，投资者可在政府提供的土地上兴建大型的体育场馆、大型国际酒店以及超级市场，大型国际酒店以及超级市场的经营权为投资者所有，但是必须每年向政府缴纳一定的租金，体育场馆的经营、管理和监督依然由政府掌握。

这两种体育场馆的经营目的都是获取利润。

(三) 国外体育场馆经营的优点

国外体育场馆经营的优点主要体现在以下几个方面：

第二章 体育场馆运营管理的基本理论

第一,体育场馆规划公园化。国外大多数的体育场馆的规划追求公园化,非常注重绿化,且体育场馆整体干净卫生,这种经营环境是有利于管理的。

第二,体育场馆的维护工作追求机械化。机械化的维护工作能够在一定程度上提高工作的效率,并且能够减少一定的人力资源负担。

第三,追求体育场馆工作人员的专业化。"术业有专攻",在工作中利用专业化的人才一方面有利于人的才能得到充分的发挥,另一方面还能使人力资源得到充分的利用,从而减少用人。

第四,追求体育场馆功能的多样化。体育场馆力求能够进行多种体育活动,能够举办多样的体育赛事,从而使人们对体育的需求得到充分的满足。

第五,追求体育场馆的行政业务智能化。政业务智能化能够使管理人员充分了解体育场馆在各个方面的具体情况,为整个体育场馆的灵活顺利运营打下良好的基础。

第六,追求体育场馆售票自动化。自动化售票不仅可以减少体育场馆的人力负担,而且能够避免人为的违法行为,从而使相对获利增加。

第七,追求体育场馆建筑的精美和宏伟。体育场馆宏伟新颖的外观能够吸引人们的关注,促使人们进入体育场馆进行消费,体育场馆内精美科学的体育场地和设施能够留住顾客。

当然,外国体育场馆的运营管理还有许多其他方面的优点,我国体育场馆运营管理发展过程中要善于学习外国的先进经验。

二、我国体育场馆运营管理现状

(一)我国体育场馆运营的现状

随着我国社会经济水平的不断发展以及全民健身计划在全国范围内的实施,人民群众的体育健身意识越来越好,这带动了人们在体育方面的消费,也为我国体育场馆的运营和发展提供了良好的社会环境。

当前,我国已经拥有了许多不同类型和不同规模的体育场馆,并且体育场馆的数量还在不断地增加。但这其中有很多体育场馆的规划和设计都存在许多不合理的地方,而且很多体育场馆都存在经营模式单一的问题,另外我国的体育场馆存在利用率不高的情况,这在一定程度上加重了政府的经济负担。经过多年的发展,虽然我国的一些体育场馆在经营过程中也获得了一些收益,但总体上经营收入状况并不是十分乐观,体育场馆在运营过程中还存在资金缺口。

随着市场经济的不断发展,体育场馆也逐渐确立了"以体为本"的经营发展理念,在这一背景下,体育场馆的开放率提高了,经营领域也得到了扩展,经营水平有了很大程度的提高,在给人们带来体育享受的同时,体育场馆也获得了一定的经济效益。

(二)我国体育场馆在运营中出现的问题

我国体育产业的发展与国外发达国家相比还处于相对落后的初级阶段,发展的程度还比较低,体育场馆作为体育产业发展的最基础的物质保障,如果其得不到良好的发展,就更不能促进体育产业的良好发展,因此,我国必须重视体育场馆的运营与发展。总体来说,体育场馆在运营中出现的问题体现在以下几个方面。

1. 体育场馆经营效益低下

我国大部分的体育场馆的都是由政府出资兴建的,体育场馆运营的目的就是为各种体育比赛提供场地保障,同时也满足大众体育锻炼的需求。但是我国的体育场馆具有法人结构不清晰的问题,这就导致体育场馆在运营的过程中产生了很多的问题,其中对体育场馆运营影响最大的问题之一就是体育场馆利用率低,经营效益低下。

实践证明,建造一座大型的体育场馆耗资大约3亿元,但是建成投入运营之后,其利润是很低的,因此,在体育场馆能够每年盈利的基础之上,要收回建设体育场馆的成本也是要花费很多年的时间,何况我国大多数体育场馆运营状况不好,还存在入不敷出的状况,这种效益低下的经营状况对我国体育场馆的发展是十分不利的。

2. 体育场馆经营缺乏政策支持,经营负担重

我国大多数的体育场官属于社会福利事业,要向社会大众提供一些公共的体育产品和服务,因此,政府优惠的政策是体育场馆快速发展的保障之一,但实际上,与其他国家相比,我国对于体育场馆的发展是缺乏政策支持的,在我国市场经济的背景下,有些体育场馆作为非营利性的公益事业,由于缺乏政策支持甚至承担着高额的税务负担。

根据国家的相关规定,我国的体育场馆需要缴纳多种税,包括房产税、所得税、营业税、增值税、城建税等,还要缴纳如治安费、物价管理费、绿化费、防疫检测费等各种杂费,除此之外,体育场馆经营过程中还需要按照商业用水用电的标准缴纳水费和电费。

第二章 体育场馆运营管理的基本理论

各种高额的费用严重影响了体育场馆的运营和发展,也在一定程度上挫伤了体育场馆运营管理者的积极性,这是导致体育场馆经营状况不佳的重要因素。

3. 体育场馆经营缺乏人才

我国许多教练员和运动员等在退役之后都会被安排到各个体育场馆中去工作,但是这些人的学历水平普遍偏低,知识结构也比较单一,加之缺乏社会经历和运营管理体育场馆的经验和能力,这对体育场馆经营开发的突破和进展有很大的制约。近些年来,随着人民群众对体育场馆的要求越来越高,虽然体育场馆在运营中引进了一些学历水平较高的工作人员,但是专门从事体育场馆经营与开发的人才还是处于短缺状态。

体育场馆经营与开发人才肩负着提高体育场馆管理水平,为市场提供符合需求的体育产品的重要任务,因此体育馆经营与开发人才对大型体育场馆的运营和发展来说是非常重要的。但是,体育场馆经营开发人才的缺失,使得体育场馆的经营人力资源不足,这严重制约了我国体育场馆的进一步发展。

4. 体育场馆经营缺乏自主权

在我国,体育场馆基本上都是事业单位,其经营自主权、人事管理权等都受到上一级部门的领导和监督,自身经营是缺乏自主权的,这对于体育场馆的运营管理是十分不利的。

体育场馆在经营过程中如果没有一定的经营自主权,就会对体育场馆的发展造成一定的束缚和制约,还会使体育场馆处于一种不公平的竞争环境之中。基于此,政府应该在遵循经济规律的基础上,通过制定一些政策来对体育场馆的运营和发展进行引导,使我国的体育场馆实现快速健康发展。

5. 体育场馆经营的经济效益和社会效益存在矛盾

经济效益指的是社会再生产过程中的投入和产出比例。其中,再生产过程中所使用的人力、物力和财力的总和就是投入;再生产过程中提供出的能够满足社会需要的劳动成果就是产出。社会效益则指的是文化产品和服务对社会产生的效应。[①] 经济效益和社会效益共同发展是我国体育场馆经营发展要实现的重要现实问题。

我国大多数体育场馆是为了举办大型的体育赛事而修建的,另外,体育

---

① 辛克海. 体育场馆的科学化运营与管理研究 [M]. 北京:中国商业出版社,2017:57.

场馆还有为大众提供体育健身活动场所的作用,从这个方面来说,大多数的体育场馆都实现了一定的社会效益。但是,由于体育场馆在后期的运营发展过程中为了弥补维修经费的不足,会选择出租体育场馆的场地给他人用以比赛或开办会展,因此,体育场馆对大众开放的时间和空间都会缩减,这又在一定程度上减少了体育场馆的社会效益,这就造成了体育场馆在经营中经济效益和社会效益的矛盾。

我国体育场馆应积极地采取措施平衡和协调社会效益和经济效益之间的矛盾,力求在提高经济效益的同时也能为社会做出更多的贡献。

6.体育场馆经营评估机制不健全,监管制度不完善

在体育场馆的运营发展中,评估机制和监督制度的不健全和不完善也严重制约了体育场馆的发展。

健全的评估机制不仅能够合理地评估体育场馆的价值,还能防止国有资产流失。而不健全的评估机制就会使体育场馆的管理者降低对国有资产的重视程度,从而导致国有资产流失。

我国体育场馆的运营方式不同于外国,我国体育场馆的运营始终受到上一级体育行政部门的领导、管理和监督,体育场馆要定期向上级部门汇报其经营状况。除此之外,每年体育场馆获得的收入也会上交给上级管理部门作为体育行政部门的福利收入,但由于评估机制和监督制度的不完善,体育场馆占有、使用的国有资产可能会归体育场馆所有。除此之外,还存在有些单位或个人利用国有资产为自身谋取利益的情况,这造成了国有资产的大量流失,长此以往对体育场馆的发展十分不利。

第三节 体育场馆运营管理的趋势和对策

掌握了体育场馆运营管理的现状之后,再对体育场馆运营管理的趋势进行预测,并对运营管理中存在的问题提出针对性的解决策略,这对于体育场馆的进一步发展十分重要。

一、体育场馆运营管理的趋势

结合国外体育场馆先进的运营管理经验,我国体育场馆运营管理发展趋势如下所述。

第二章 体育场馆运营管理的基本理论

（一）经营结构得到调整与完善

在市场经济的不断促使下,我国的产业结构发生了很大的变化,在体育领域的表现为:我国不断地调整与完善体育场馆的经营结构,积极地学习和借鉴国外发达国家的先进经验,促使我国体育场馆由事业单位向企业化经营的方向发展。

我国体育场馆的经营管理者会意识到经营模式多元化的重要性,因此,会选择先进、科学的经营模式对体育场馆进行运营和管理,但是由于我国幅员辽阔,各地区体育发展水平和体育场馆的建设情况存在明显的差异,因此,各个体育场馆也都会采取不同的经营模式。

总之,经过不断的发展之后,我国体育场馆的经营管理体系将会向着以事业性质企业化结构为主,多种经营模式并存的趋势发展。

（二）运营管理向专业化方向发展

体育场馆运营管理专业化指的是体育场馆将自己的资源汇集在体育竞赛、体育训练、体育娱乐等方面,努力运营好自身的核心产品,避免将多种经营方式结合作为维持体育场馆运营的渠道,形成运营管理的专业化,从而达到社会的认可、满足市场的需要。[1]

体育场馆的运营管理向专业化的方向发展要以现代企业化运营管理制度为基础,由专业的运营管理机构对体育场馆进行资源整合与开发、场馆宣传与场馆建设工作,利用运营管理机构在各方面的专业化程度,帮助体育场馆的运营管理部门明确自身的定位,继而实现体育场馆预期的发展目标。

（三）运营管理向市场化方向发展

市场化指的是以市场为手段,解决发展过程中出现的各种问题。体育场馆的运营管理向市场化方向发展主要表现在以下两个方面:

第一,随着我国体育场馆运营管理水平的不断提高,体育场馆的经营与发展和市场挂钩,体育场馆运营单位采用自收自支的经营模式,减少政府经济压力,实现自身的市场化发展。

第二,在我国市场经济体制的背景下,体育场馆充分利用价格机制将体育场馆中的各种资源进行合理的配置,加大对体育场馆的资金、人力等投入,以市场需求为导向输出各种有形或无形的产品满足人们的需要。

---

[1] 刘烨.大中型体育场馆运营管理研究[D].武汉:武汉体育学院,2014.

体育场馆运营管理向市场化方向发展,能够在一定程度上弥补体育场馆运营资金不足的缺口,从而实现体育场馆的健康发展。

近年来,随着我国社会经济的不断发展,有许多国际性的大型体育赛事会在我国举行,因此,体育场馆必须要走向市场化,做好经营与管理的工作,充分利用市场经济的促进作用,使体育场馆的运营管理水平得到不断的提高,只有这样,才能促进我国的体育产业得到健康的发展。

(四)运营管理向国际化方向发展

当前,我国的体育场馆的运营管理机构已经逐步形成了产业化发展的趋势。这些使用专门的运营管理机构进行运营的体育场馆一般具有独立的法人运营机构,运营管理的专业化非常强,这些体育场馆的核心业务有品牌特许加盟、运营模式复刻、项目经营实践管理等。

这种体育场馆在运营的过程中,能够在营销、管理、投资、融资等方面都组成专门的人才团队,从而使体育场馆在发展中遇到的各种问题都能够得到专业化的解决。这种体育场馆终将会朝着国际化的方向发展,逐步与国际上较为先进的体育场馆并驾齐驱。

二、体育场馆运营管理的对策

我国体育场馆在运营管理中依然存在许多问题,对这些问题的解决本书提出了以下对策。

(一)充分发挥政府的宏观调控功能

近些年来,我国的综合国力有了很大的提升,一些在世界上具有很大影响力的体育赛事已成功在我国举办,如北京奥运会、广州亚运会等。另外,在 2022 年,我国将举办第 24 届冬季奥林匹克运动会,大型国际体育赛事在我国的举办,能够有力推动我国体育场馆的建设和进一步的发展。

在现阶段,我国政府及相关的体育管理部门要认清体育场馆的发展应顺应市场发展的趋势,选择商业化的运营管理模式。因此,政府要充分发挥宏观调控的功能,加大力度转变我国体育场馆经营模式落后的局面,使我国的体育场馆在新时代实现现代化的发展。

(二)不断拓展体育场馆的经营项目

体育场馆的管理者应该树立现代化的商业管理经营意识与理念,强化营销观念。我国幅员辽阔,各地区经济发展水平和文化背景差异较大,体育场馆的经营管理者要根据本地区的历史传统、地方特色、经济发展水平等制定出适宜的营销策略,使体育场馆的经营项目得到不断的拓宽。并在此基础上加强对体育场馆的宣传,还可以通过一些促销活动吸引更多的群众走进体育场馆进行消费,这样一方面可以带动更多的人参与到体育活动中来,另一方面还能使体育场馆获得更多的经济效益。

(三)不断提高体育场馆的吸引力

体育场馆的经营管理者在运营体育场馆的过程中,要充分利用体育场馆的知名度并结合各种传媒手段进行健康文明生活方式的宣传与推广,让人们更加积极地参与到体育运动活动中。除此之外,体育场馆可以与其他的健身俱乐部、体育协会等单位进行联合,推出有益于人们身心健康发展的体育活动,从而提高体育场馆的吸引力,吸引更多的人参与其中并积极地进行体育消费,这对体育场馆的运营和管理有很重要的推动作用。

(四)强化体育场馆的服务观念和管理意识

管理者在对体育场馆进行运营管理时,必须要找准定位,要摒弃事业单位的工作的作风和习惯,运营管理方法要与市场化的发展规律相符合,解决问题时要善于运用市场手段。除此之外,管理者要强化体育场馆内所有工作人员的服务意识,提高服务的质量以吸引更多的消费者进入体育场馆进行消费。管理者也要不断提升自己的运营管理水平,要不断地学习其他运营效益良好的体育场馆的管理者先进的管理经验,提高对工作人员及顾客的管理水平,以免出现不必要的损失。

(五)加强体育场馆的人力资源建设

优秀的人力资源是任何事物发展所必不可少的,体育场馆的运营管理同样离不开优秀的人才。当前,我国体育场馆的经营管理人才是十分缺失的,相关部门的领导和体育场馆的管理者应该对此重视起来,要采用各种方法培养体育场馆经营管理人才。体育场馆的管理者要转变观念,从多方面网罗人才,一方面,可以积极地与猎头公司寻求合作,通过猎头公司为体育场馆发现优秀的运营管理人才;另一方面,可以与高校及体育院校寻求合作,在学校中发现和选拔运营管理人才。除此之外,体育场馆本身的人事管理机制必须要完善,管理人员要制定相应的措施和手段对体育场馆进行商业化管理。

(六)体育场馆要开发无形资产,吸引商业赞助

在我国,体育场馆已经经历了许多年的发展,也取得了一定的成就,许多体育场馆在吸引企业投资方面呈现出了良好的发展趋势,但是发展过程中也存在许多的不足。当前,体育场馆的管理者应对体育场馆的无形资产进行开发并注册,如体育场馆的冠名权、体育场馆的品牌、体育场馆的运营手册、体育场馆的专利技术等,然后对这些无形资产进行整合与包装,以此来吸引更多的企业为体育场馆的发展进行投资,使体育场馆的无形资产得到充分的利用。

(七)体育场馆要回报社会,举办公益活动

体育场馆要努力做到经济效益和社会效果的协调发展,在创造经济效益的同时,不能忘了实现社会效益。我国大多数的体育场馆是由国家投资兴建的,属于国有资产,可以说是取之于民用之于民。因此,体育场馆应该定期地开展一些健康公益活动或者慈善演出,还可以将体育场馆的盈利拿出一部分来进行慈善捐助,这不仅有利于提升体育场馆的知名度,树立良好的社会形象,还能为社会的公益事业提供一些帮助,从而使体育场馆实现经济效益和社会效益共同协调发展的目标。

第三章　体育场馆的资源管理

资源管理是体育场馆运营管理的重要内容之一。本章分别针对体育场馆的人力资源管理、物力资源管理和财力资源管理做了具体的探究,提出了在人力、物力、财力方面的创新管理方法,以期为体育场馆的运营管理提供良好的可借鉴的思路。

第一节　体育场馆的人力资源管理

体育场馆的正常运营需要很多的人力资源,可以说,体育场馆在运营管理过程中的人力成本可以说占据了总成本的一大部分,对于人力资源的管理成效几乎可以影响体育场馆运营管理的最终成效。

一、体育场馆的人本管理

体育场馆的人力资源管理主要是要贯彻人本管理,人本管理的思想就是尊重人的价值、发挥人的价值、实现人的价值,主要体现在以下几点。

(一)人性化管理

人性化管理要求做到以下几个方面的工作。

1. 尊重员工、信任员工

美国企业家玛丽·凯有这样的经营信条,"相信和尊重你的每一位员工"。她曾经在《掌握人性的管理》中写过这样的话:"每当我见到一个人,我就想象对方身上都带着一个看不见的信号:让我感到自己重要。我会立即回应,结果每次都有意想不到的结果。"这段话说明了每个人都渴望自己受到尊重,渴望成为一个有价值、有长处的人,当管理者对员工的这种渴望重视起来,满足员工的这种需求时,就可能会得到好的效果。因此,作为管理者必须要尊重自己的员工、信任自己的员工,具体要做好以下三个方面的工作。

(1)肯定员工的价值。

没有十全十美的人,但是每个人都有其特有的优点和长处,体育场馆的管理者要善于发现自己所管理的员工的长处,并通过分派工作、授权管理等方式给员工让他们尽情发挥长处,以此激发员工的潜能,切忌抓住员工的短处不放并大加指责。

(2)肯定员工的"自主性"。

肯定员工的"自主性"就是把每一名员工当作独立自主的个体去对待、尊重,可以通过民主管理和自我管理的方式让员工适当地参与体育场馆的运营管理。其中,民主管理就是建立体育场馆和员工的一种关联体系,让员工适度参与体育场馆的决策;自我管理则是民主管理的进一步发展,管理者要充分相信每一名员工的自主性,让员工根据体育场馆的发展制订自身的发展计划,并自我管理,从而实现自我发展目标,这有利于使员工的意志与体育场馆的意志相一致。

(3)肯定员工的"个体性"。

每一名员工在自己的工作岗位上都会考虑到自己的价值、地位和利益,每一名员工都希望自己被当成个别而受到特殊的待遇,这是员工"个体性"的表现,管理者应多从"个体"的心态出发,肯定员工的"个体性"。

总之,只要给员工足够的尊重和信任,让员工相信自己的工作岗位是重要的,那么他们就会为体育场馆的发展作出自己的贡献。

2. 了解员工、谅解员工

了解员工、谅解员工就是充分地理解员工,相比尊重和相信员工,理解员工是管理者与员工拉近关系的重要的方法。体育场馆的工作属于服务行业,服务行业所信奉的信条就是"顾客就是上帝",在这种服务氛围下工作,员工能够得到领导的理解显得尤为重要。比如,当员工在遭到顾客的投诉时,管理者不应一味地安抚顾客的情绪而不顾员工的自尊心,这会使员工感到自己的人格被剥夺,是不利于员工今后的工作的。对于员工在工作中产生的失误,领导要给予谅解,并针对员工的失误教给他改进的办法。领导要做到将心比心,理解员工,包容员工,让员工感到温暖和欣慰,这样才能维系员工持续地为体育场馆的发展作出自己应有的贡献。

3. 关心员工、帮助员工

关心员工和帮助员工体现在企业不仅要关注员工本人的身体状况和心

第三章 体育场馆的资源管理

理状况,还要关心员工的家属,比如员工的家庭有困难,企业也应该予以援助。除了物质上的关心和帮助外,体育场馆的管理者还应该对员工的职业生涯规划给予必要的关注,提高员工的技能,帮助员工选择适合自己的工作岗位,使员工成为真正对社会有用的人。

(二) 能本管理

1. 能本管理的含义

能本管理指的是把能力作为最根本的价值追求对员工进行管理。能本管理的含义主要包括三层:

第一层,管理对象不是抽象的"人",而是组织发展所需要的人的能力。

第二层,要把人的能力作为管理的最根本的出发点。

第三层,管理的首要目标是提高员工的能力,员工能力的提高以及发挥的程度是对管理者的重要考核标准。

2. 能本管理的核心

能本管理的核心就是能力,能力是由员工的体质、知识、智力、技能等有机结合在一起的,指的就是员工应用自身所拥有的知识和技能的本领。能力具有以下几个特点:第一,能力具有集约性,指的是每个人拥有的能力不是单一的,而是多种多样的;第二,能力具有层次性,指的是每个人能力的大小各有不同,具有不同层次的能力;第三,能力具有客观性,指的是人在某一时段的能力是固定的,是一个常量。

3. 能本管理的环节

要实现能本管理,体育场馆必须要设置三个重要的环节,具体如图 3-1 所示。

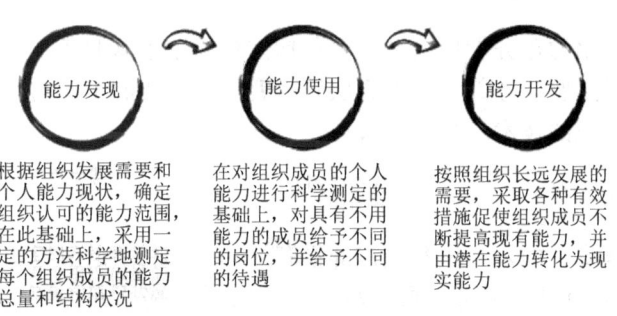

图 3-1 能本管理的三个环节

二、体育场馆的人员结构

一般来说,体育场馆的人员可以被划分为两种:一种是编制内人员;另一种是临时人员。

(一)编制内人员

编制内人员与体育场馆的运营管理密切相关,是体育场馆运营管理中长期而稳定的人力资源类型,主要包括行政管理人员、业务管理人员、服务人员、工程技术人员。

1. 行政管理人员

行政管理人员指的是在体育场馆内专门从事行政管理事务的工作人员,包括文秘、行政助理等。体育场馆的行政管理人员主要负责的工作如图3-2所示。

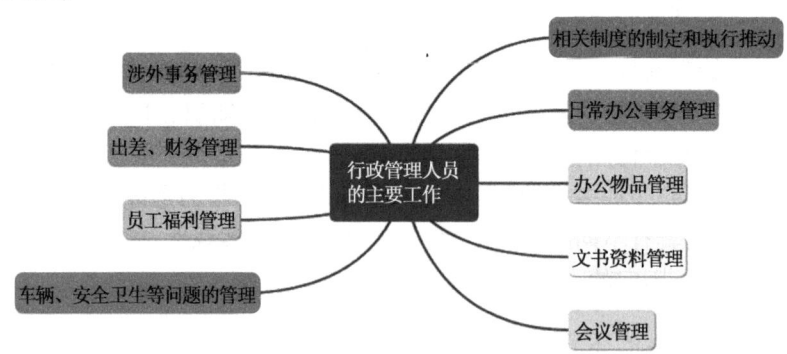

图 3-2　行政管理人员的主要工作

2. 业务管理人员

体育场馆的业务管理人员主要包括体育场馆主营业务、运动指导部、医疗服务部等主要业务部门的中高层管理者。其主要的工作内容是对相关业务人员及专业的技术人员进行管理。

3. 服务人员

服务人员指的是与体育场馆的经营活动密切相关的关键工作岗位上的服务人员,包括前台服务人员、收银员等。前台服务人员主要负责按照一定的标准为顾客提供一系列的接待服务,负责登记、接待、引见到体育场馆来的访客,另外还要阻止无关人员进入场馆内,或者有人需要帮助时给予他们一定的帮助。收银员则主要负责在柜台收取货币,做好相关的对账工作。

4. 工程技术人员

工程技术人员指的就是在体育场馆的运营中,对场地、体育设备等设施进行相应的维修和保障的人员,如体育场地工人,设施、设备的维修与保养人员,音响师等。

(二) 临时人员

临时人员是体育场馆运营过程中可变的人力资源部分,其类型较多,会根据体育场馆运营活动的规模和业务随时进行相应的调整。临时人员主要包括以下几种类型。

1. 运动指导专业人员

运动指导专业人员主要包括体育场馆的私教、会籍顾问以及各种社会体育指导员。其中,私教就是在体育场馆中有偿为锻炼者提供一对一服务,为其运动的项目进行指导的教练。会籍顾问是有两重身份的人,一是销售服务人员,二是咨询专家。会籍顾问一般都具有较为专业的心理、营养、运动技能等知识,能够为顾客提供一定的运动指导,其工作的职责是帮助顾客获得健康,因此,会籍顾问同一般的销售人员是不一样的。

2. 医务服务专业人员

医疗服务专业人员指的是与体育场馆运营项目有关的从事医疗服务的专业人员。主要包括理疗按摩治疗师、营养师、内科医生。其中,理疗按摩治疗师主要为体育场馆的顾客提供理疗服务。营养师是为体育场馆的顾客提供营养咨询、测评、指导及管理的服务。内科医生的主要职责有以下几点:(1)如顾客在体育场馆内锻炼时发生疾病要对其进行急救和处理,并为患者提供治疗的手段或方案;(2)对患者进行询问并记录,并为患者提供非手术方式的治疗;(3)为患者开具处方等。

3. 其他服务保障人员

其他服务保障人员包括清洁工、场地保养工作人员、服务台工作人员、球拍穿线师等服务保障人员。这些人员的数量和类型是根据体育场馆的规模和经营的活动项目进行确定的。

4. 志愿者

体育场馆在运营中有时会因为举办大型的文体活动或者群众集会而需要大量的志愿者,志愿者的主要工作就是进行项目指导、维护现场秩序、为参与活动的人员提供各种保护与帮助以及其他临时性的服务工作。志愿者与其他临时人员的主要区别是志愿者与体育场馆不存在劳资关系,他们在体育场的临时工作是不以利益、金钱、扬名为目的的。

5. 实习生

实习生主要是来自学校的学生,他们在体育场馆工作主要负责一些辅助性服务管理工作,他们工作的目的是学习,在丰富自身工作经验的同时能够获得相应的学分。体育馆的实习生可以是全职的,也可以是兼职的。

三、体育场馆人员的招聘与培训

体育场馆经营的效果在一定程度上与员工的质量及员工的服务水平是有密切的关系的,因此,运营管理者必须要吸引并留住对体育场馆发展有良好作用的人员。

(一)体育场馆人员的招聘与甄选

1. 人员的招聘

体育场馆的运营管理者要对当前场馆的工作人员进行优缺点分析,要统计出当前体育场馆中人才的缺口,这时就可以开始进行人员的招聘了。人员招聘的渠道和途径有很多,具体如下所述。

(1)传统媒体广告。

利用传统媒体发布广告要考虑两个问题:一是在哪种类型的媒体上发布广告;二是广告内容的构思该是怎么样的。往往招聘的职位类型会决定是选择地方报纸、体育杂志还是选择电视来发布招聘广告,并据此构思相应的广告内容。

在传统媒体发布广告的好处体现在两个方面:一方面可以通过媒体宣传使体育场馆的招聘信息得到广泛传播;另一方面还能在一定程度上提高体育场馆的知名度和影响力。

(2)新媒体招聘服务。

对于体育场馆来说,互联网是人才招聘的十分重要的渠道。互联网作为新媒体的代表,吸引了很多人,在互联网上,无论是企业的人力资源管理部门,还是需要求职的人,他们都可以在互联网平台上发布各自的需求。互联网的招聘服务平台一方面可以将求职者的信息做成简历中心,为求职者提供网上求职、求职指导等个性服务,另一方面还可以为企业提供相应的人才招聘解决方案,这就可以使企业人力资源部门与求职者进行及时互动,经过双向选择后,从而使企业招聘到优秀的人才,使求职者找到满意的岗位。

(3)就业服务机构。

通常,就业服务机构包括两种形式:一是以学校为单位的就业指导中心;二是政府开办的就业服务机构,如人才市场等。

体育场馆在进行人才招聘时,可以优先进行校园招聘,通过学校的就业指导中心对该校的学生发布招聘信息,这种招聘方式不仅花费的费用相对较少,而且针对性较强,是招聘管理人才和专业技术人员的重要途径之一。

体育场馆如果选用就业服务机构进行招聘时,要注意做好以下几点工作:首先,要提供一份精确完整的工作详细描述给就业服务机构;其次,要明确所要招聘人才的一些限定,方便就业服务机构根据要求对申请人进行筛选;最后,要注意与多家就业服务机构建立合作,以扩大招聘的范围。

(4)猎头公司。

猎头公司是企业招聘高层管理人才的最重要的选择,也是最可能招聘到高层次管理人才的渠道,这是因为关键性的高层次管理人才一般都在其他企业任职并且他们对当前的工作满意度较高。

体育场馆招聘管理人才通过猎头公司的话需要花费一定的费用,但是由猎头公司进行筛选推荐后可以集中体育场馆经营者的精力对这些高层次人才进行判断,能够帮助经营者很快地找到合适的人才。

(5)员工推荐。

体育场馆在进行人才招聘时也可以选择内部员工推荐优秀人才的方式,如果员工推荐的人才最终被体育场馆选择录用,体育场馆可以对该员工进行一定的经济奖励。这种人才招聘的方法一方面能够减少招聘所花费的费用,降低招聘的成本,另一方面还能招聘到合适的人才。但是这种招聘方法也有一定的缺点,如果员工推荐的人员因素质较低而没有被体育场馆所选用,这有可能会造成体育管理者对员工的判断力形成质疑从而对其产生不信任,也可能会造成员工对企业的不满。

2. 人员的甄选

人员的甄选一般要经过三个步骤:初步甄选→测试→面试。

(1)初步甄选。

一般企业会采用应聘申请表和推荐信这两种方式对申请在招岗位的人员进行初步的筛选。但无论哪种方式,都是为了了解求职者姓名、性别、联系方式、教育经历、工作经历、求职意向等基本信息,然后根据相关的信息对求职者进行初步的考察,淘汰掉不符合岗位硬性要求的求职者,可以根据这些信息对求职者进行分类和分组,以便后续的继续甄选。

(2)测试。

体育场馆在进行人员招聘时,可以采用的测试方式有很多,如智力测试、成就测试、兴趣测试、能力测试等,测试一般通过笔试的方式进行。通常情况下,针对不同岗位的求职者会做不同的测试,具体如表3-1所示。

表3-1 针对不同岗位求职者的不同测试方式

求职岗位	测试方式
运动技术指导	个性测试、心理测试、能力测试
健身顾问	个性测试、心理测试、智力测试、成就测试、能力倾向测试
会计顾问	个性测试、心理测试、成就测试、能力测试

(3)面试。

面试是企业甄选人员最有效的一种方式。通过面试,体育场馆的经营管理者或者人力资源招聘负责人可以与求职者进行面对面的交流和沟通,针对笔试测试不能涉及的内容,可以通过面试进行进一步的测试和了解,可以非常直观地对求职者的热情和能力做出进一步判断,也可以通过求职者的面部表情、仪表、紧张程度等对求职者做出主观方面的评价。需要注意的是,面试效果的好坏取决于面试官的能力和素质的高低,也取决于面试实施的方式是否正确。因此,在实施面试时,一定要选择经验丰富的人力资源专员。通常,面试的方式有结构式面试、非结构式面试和情景模拟式面试三种,面试实施者要根据具体的需要选择恰当的面试方式。

(二)体育场馆人员的培训与使用

1.人员培训的目的

当今时代,人才可以说一家企业的核心竞争力,为了使企业的核心竞争力不断提高,企业的管理者越来越重视对员工的培训,通过培训使员工提高各方面的素质和能力。在体育场馆的人力资源中,编制内的人员相对较少,临时人员流动性较大,岗位的变动较大,这些都对体育场馆的人员培训提出

第三章 体育场馆的资源管理

了更高的要求。体育场馆的经营管理者应及时采取措施,通过一系列恰当的培训方式和培训内容对员工进行培训,这不仅有利于新员工能够迅速进入工作状态,还有利于老员工提升工作效率和工作能力。

2. 人员培训的内容

人员培训的内容主要分为三个部分:一是业务培训;二是职业道德培训;三是企业文化培训。

(1)业务培训。

员工在体育场馆任职的岗位不同,其业务培训的内容也不尽相同。不同的岗位培训的具体内容如表3-2所示。

表3-2 体育场馆不同职位业务培训的具体内容

岗位	业务培训内容
管理人员及行政内勤人员	内部管理与服务能力、组织协调能力、对外沟通联络能力、处理突发事件的危机管理能力等
运动技能指导人员及健身顾问	专业知识结构、新运用项目技术、教学技能和教学水平、沟通能力、营销能力等
会籍顾问	市场推广技巧、销售技巧、服务接待礼仪、心理辅导能力等
前台服务人员	服务接待礼仪、沟通协调能力、自动化软件使用能力等
场地、体育设施维护人员、保洁、技术保障人员	业务技术的提高、沟通能力、服务能力等

(2)职业道德培训。

体育场馆的工作人员大都是直接面对顾客直接为顾客提供服务的,因此,这些工作人员必须具备良好的职业道德素质,因此,体育场馆不可忽视对员工进行职业道德的培训。体育场馆要通过职业道德培训,提高体育场馆员工的责任心,提高员工的服务质量,促使员工能够认真完成各项工作,并能够做到克制自己的脾气和行为,做到不把怨气发泄给顾客。

(3)企业文化培训。

每家企业都十分重视员工的入职培训,体育场馆在员工入职前同样也要对其进行培训,入职培训时会特别强调在今后的工作中哪些事情必须要做,哪些事情不可以做,还要对企业的组织结构、相关规定等做必需的了解,这些其实都是关于企业文化的培训。

对于体育场馆而言,其经营的主要产品其实就是服务。因此,提供高质量服务的制度文化、理念文化、行为文化和物质文化对体育场馆的经营是十分重要的,在对员工进行入职培训时一定不要忽视这方面的培训。

3. 人员培训的方式

企业对人员的培训主要是根据自身的发展需要和工作的需要进行的,对员工进行培训的目的就是要提高员工的工作效率,进而提高企业经营的工作业绩。人员培训主要有两种方式:一是公司培训,二是自学培训。公司培训是由公司自己组织或者是委托其他社会培训机构对员工进行的培训,具体的方式和方法如图 3-3 所示;自学培训则是员工根据自身的需要和爱好自发参加相关的社会培训,员工可通过自学培训获得相关的资质证书。

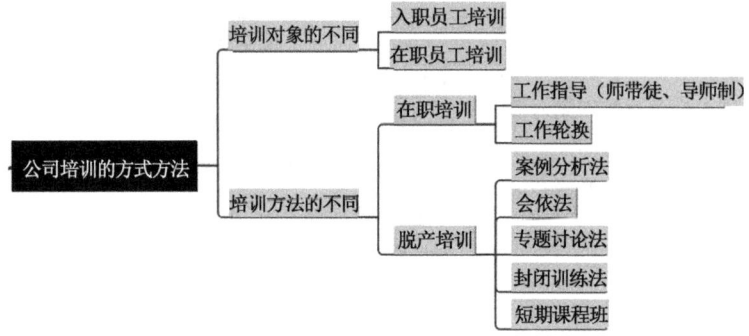

图 3-3　公司培训的方式方法

四、体育场馆人员的人事管理

(一)体育场馆员工的职业化管理

在体育场馆的经营管理中,管理者要制定出与员工职业生涯规划相适应的职业发展规划,这一方面有利于帮助员工在工作中实现自己职业生涯目标,另一方面也能在一定程度上为体育场馆的经营留住优秀的人才。具体要做好以下几个方面的工作。

1. 对员工的自身情况做出正确的分析和评估

对于员工来说,在为自身制定职业规划时一定要对自己的能力、兴趣、需求和发展方向进行理性的分析,只有这样才能设计出符合自身发展需要的合理的职业生涯规划。

因此，体育场馆在制定和实施针对员工的职业发展规划之前，也必须要对员工的个人能力和潜能做出正确的评估，只有这样才能使职业发展规划发挥重要的作用。

2. 为员工提供公平晋升的机会

通常情况下，员工的职业计划一定是一个逐级上升的发展计划，这就要求体育场馆的管理者在体育场馆的运用管理中，要及时为员工提供清晰的发展路线。另外，有关职务选择、职务调动和职务空缺的信息要及时地提供给员工，让员工了解这些信息并能够有机会通过公平的竞争获得自己想要的职位。这不仅能够满足员工的职业发展，而且有利于体育场馆的不断发展，因为只有员工不断地发展和提高，体育场馆才能稳定和持续的发展。从这个角度来看，为员工提供公平晋升的机会，是员工和体育场馆共同的需要。

3. 为员工提供定期职业培训的机会

在体育场馆的运营管理过程中，要针对员工定期地开展职业培训，让员工参加系统的、有组织的培训活动不仅能够提高员工的专业技能，还能使员工对自己所在岗位的职责更加明确，这有利于员工职业意识的形成，从而促使其能够尽快地实现职业生涯规划。

(二) 体育场馆员工的薪资福利管理

1. 设计合理的员工薪酬策略

(1) 员工的基础薪酬策略。

要制定员工的基础薪酬策略，首先要对员工的岗位、绩效和薪酬进行正确的界定，其中，员工的岗位工资是固定的，而绩效工资和薪酬是根据员工的功能能力和实际产出给予员工的奖励。这种薪酬策略能够提高员工在工作中的积极性，有利于企业绩效的提高。而员工的固定工资也是根据员工在企业内的不同的职位、不同的工作内容、承担的责任不同等制定不同的薪酬。

(2) 员工的绩效考核薪酬策略。

绩效考核薪酬主要由业绩决定，业绩包括员工个人的业绩、员工所述部门的业绩和整个企业的业绩，其中，在绩效考核薪酬中所占比例最大的是员工个人的业绩。因此，员工的绩效考核薪酬策略能够有效激励员工提高业绩。

2. 员工的福利管理

体育场馆与员工之间除了有必需的薪酬关系外，体育场馆还应给予员工一定的福利。良好的福利策略不仅能够彰显体育场馆的人性化管理,还能够使员工的向心力和忠诚度得到进一步的提升。

员工福利的内容有很多,除了国家规定的"五险一金"(指医疗保险、养老保险、生育保险、失业保险、工伤保险及住房公积金)外,体育场馆还应该为员工提供其他的福利类型,具体如图3-4所示。

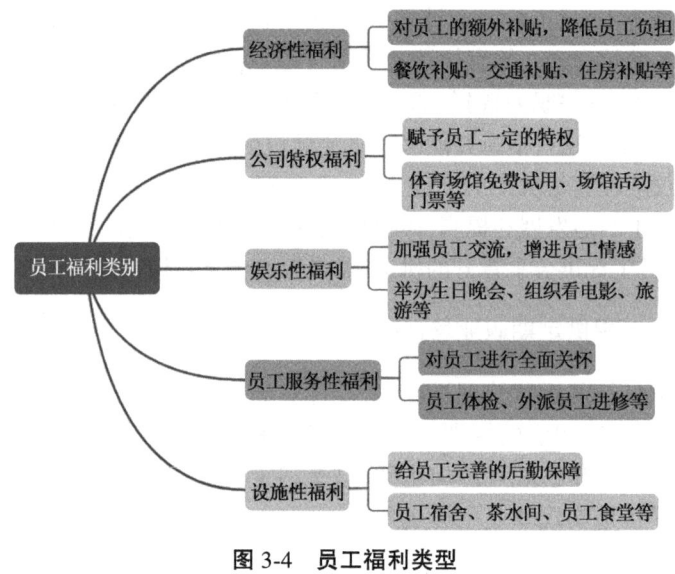

图3-4 员工福利类型

(三)体育场馆员工的劳务关系管理

1.员工劳动合同管理

员工在与体育场馆建立劳动关系之后必须按照国家规定签订劳动合同,且劳动合同是在双方协商一致、平等自愿、合理合法的基础上签订的。

如果在合同有效期内需要对合同的相关内容进行变更,无论是员工还是体育场馆都必须提前30日提出申请,并经过双方协商之后才能进行变更,变更之后要签订新的劳动合同。

2.做好与员工的沟通

体育场馆的经营管理者如果要实现人性化管理,就必须要做到定期与员工进行沟通,了解员工的需要,帮助员工更清楚地了解体育场馆当前的运营状况,这有利于提升员工的归属感和认同感。

对于刚入职的新员工,管理者在与其沟通时要从员工的工作态度、知识技能、考核成绩、工作中的困难等方面进行,这样能对新员工的工作状态有更清晰的了解,也能够及时发现新员工存在的问题并给予员工一些合理的建议。另外,如果在与新员工沟通的过程中,新员工对体育场馆的工作提出了一些建议,管理者也应该重视。

如果要对某个员工的职位进行调动,也要提前与员工做好协商沟通,要向员工说清楚调动的原因和目的,介绍新岗位的工作内容等。这种沟通可以消除员工职位调动的疑虑,使其愉快地融入新的工作岗位中去。

对于要离职的员工,无论是什么原因管理者都要与其进行有效的沟通,了解员工离职的原因,这一方面有利于体育场馆工作的改进,另一方面也可能会通过沟通将人才留下来。

对于体育场馆要辞退的员工,与其进行沟通也是必不可少的,要告诉员工被辞退的原因,并对其职业发展提供一些建议,这可以缓解员工的不满情绪,使其能够轻松地离开。

3. 日常工作纪律的管理

"无规矩不成方圆",在体育场馆的运营管理中,必须要制定明确、合理的纪律,并要求全体员工按照纪律和制度行事,这不仅有利于提高员工的工作效率,还有利于展现体育场馆员工良好的精神面貌。体育场馆日常管理制度的具体内容如表3-3所示。

表3-3 体育场馆的日常管理制度

内容	说明
组织规则	体育场馆各直线部门、各职能部门、各层级之间的权责结构。服从、指挥、保密、监督等相关规定
岗位规则	岗位职责、劳动任务、职业道德等相关规定
行为规则	员工的着装、语言、礼仪、行为举止等相关规定
时间规则	上下班时间、请假流程、考勤办法等相关规定
协助规则	工种、岗位、工序之间的关系,上下层之间的连结和配合的相关规则
其他规则	制定符合体育场馆自身情况的相关规则

4. 解决员工劳动争议的方案

劳动争议在体育场馆人力资源管理中是不可避免的,面对劳动争议,体育场馆要采取正确的方式处理,一旦处理不好,还可能会面临对峙于法庭的情况。体育场馆与员工发生劳动争议时,应该本着化解矛盾的态度去解决问题,积极地与员工进行沟通,协商解决。正常情况下,处理劳动争议要经历以下四个步骤:协商解决→申请调解→申请仲裁→提起诉讼。

对于包括体育场馆在内的所有企业来说,处理劳动争议的方案再好都不如不产生劳动争议。因此,在对体育场馆的管理过程中,要对劳动合同进行不断的完善,使劳务双方的权利、义务、职责等都能公平合理地体现在劳动合同中,一旦发生了劳动争议,都能在合同中找到相关的规定,这对劳务双方的利益都有一定的保护作用。除此之外,在日常的管理中,管理者也要不断提高管理技巧和管理水平,场馆的管理制度也要做到合理规范,这对于规避劳动争议的产生有积极的预防作用。

第二节 体育场馆的物力资源管理

体育场馆的物力资源管理主要是针对体育场馆的设施设备来说的,体育场馆的设施设备主要包括体育场馆经营需要的固定资产、机器、器械和各种用具等。物力资源作为体育场馆经营的生产资料,为场馆内各种体育活动和服务的展开提供了必要的物质保障,因此,做好体育场馆的物力管理工作,对体育场馆的运营和发展具有十分重要的意义。

一、体育场馆设施设备管理概述

(一)体育场馆设施设备管理的作用

1. 能够提升体育场馆的服务质量

体育场馆的主要经营方式就是通过出售体育场馆内设备的使用权以及为顾客提供服务,因此,对体育场馆内的设备进行得当的管理是非常有必要的。对体育场馆的设施设备进行良好的管理,一方面可以为员工提供更好的工作条件、能给消费者提供更好的消费环境,另一方面为提升体育场馆的服务质量打下了良好的基础,对体育场馆的全面发展能够起到推动作用。

2. 能够提升体育场馆的经济效益

在经营体育场馆的过程中,确定体育场馆收费标准的最重要的依据就是体育场馆内设施设备的条件,因此,体育场馆只有为顾客提供高质量的设施设备服务,顾客才会愿意为高水平的消费埋单,这样才能使体育场馆保持较高的收费水平,从而使体育场馆的经济效益得到不断地增长。

对体育场馆的设施设备进行良好的管理也可以节约一定的经营成本,因为体育场馆设施设备的维修费用是体育场馆一项重要的经济开支,如果体育场馆的设施设备得到了良好的管理,减少了损坏,那么相应的设备维护维修费就会降低,运营成本也会降低,这既有利于减少体育场馆的成本支出,也有利于提升经营利润,从而提高体育场馆的经济效益。

3. 能够树立体育场馆的良好形象

人们选择体育场馆进行消费时,一般都会选择环境好的舒适的场馆,这样才能得到完好、完整的体育设施设备服务。如果体育场馆的设施设备管理做得不到位,就很难能满足消费者的需求,也会因此挫伤消费者的消费积极性,同时,消费者如果得到了不满意的服务就会影响体育场馆的口碑。因此,为了给体育场馆树立良好的形象和口碑,必须对体育场馆内的设施设备进行良好的管理,为顾客提供舒适、安全的消费条件,一方面能为体育场馆树立良好的形象,另一方面也能提升体育场馆的经济效益。

(二)体育场馆设施设备管理的内容

1. 对设施设备实施全过程管理

对设备设施的全过程管理包括了从选购设施设备开始直至设施设备报废的全部过程,具体如图 3-5 所示。

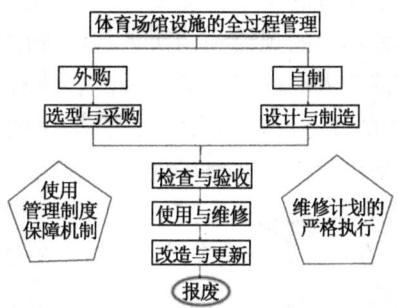

图 3-5 体育场馆设施设备管理图

2. 设施设备寿命周期费用的最优化

体育场馆设施设备的寿命周期费用指的是从购进设施设备开始到设施设备使用直至报废的全部费用。在对体育场馆的设施设备进行管理的过程中,管理者应尽量做到使设施设备的寿命周期费用最优,而不是只考虑某一设备在某一阶段的眼前利益,要用长远的眼光看问题,要考虑体育场馆内设施设备的综合使用效果。

3. 不断对设施设备进行更新和替换

随着人们生活水平的提高,人们对生活质量的要求也越来越高。人们在进行体育消费时,也越来越看重体育场馆的审美、品位和档次,这使得体育场馆的消费产品越来越多,各体育场馆之间的竞争也越来越激烈。在这样的背景下,体育场馆必须顺应时代的发展,对场馆内的设施设备进行及时的更新并引进更多先进的、适用的体育设备设施,只有这样,才能在激烈的竞争中脱颖而出,才能获得长足的发展。

4. 制订良好的设施设备维护计划

对体育场馆设施设备进行维护管理,要求管理者要事先制订好详细的计划,并按照制订的计划对体育场馆内的设施和设备进行定期的保养和维护,这一方面能够保证设施设备的正常使用,另一方面也能保证体育场馆能够连续连贯地进行经营活动。

(三)体育场馆设施设备管理的任务

1. 合理配置体育设施设备

体育场馆内的设施设备的豪华程度决定了体育场馆的档次。体育场馆的经营管理者要对体育场馆的规模和档次进行清晰的定位,并根据体育场馆的档次、规模、适宜消费人群的层次等合理配合体育场馆内的设施设备。通常情况下,体育场馆的设施设备越豪华,体育场馆的档次也越高,当然这种体育场馆的消费水平也较高。在市场规律的影响下,体育场馆内的设施设备的使用性能、科技含量、完好程度、豪华程度等因素对体育场馆经营都有很大的影响。因此,在对体育场馆进行经营管理的过程中,管理者一定要根据目标市场和发展情况,合理定位体育场馆的档次,合理配置体育设施设备。

2. 保证设施设备正常运行

体育场馆内的设施设备是多种多样的,维护保养的工作也因此涉及了很多的方面。为了保证体育场馆内设施设备的正常运行,作为管理者必须制定好科学的保障方法,制定合理的管理体系和管理制度,可以通过专人负责、分工协作、分级管理的方法对体育场馆的设施设备进行维护管理。除此之外,体育场馆的管理者还要着力为体育场馆培养一批优秀的服务人员和维护人员,这对体育场馆设施设备的正常运行是非常重要的。

3. 保证设置设备维修制度科学性

体育场馆内设施设备维修制度的科学性是保障设施设备正常运行、延长寿命的重要制度保障,因此,管理者必须制定科学性较强的设施设备保养维修制度。一般情况下,设施设备的维修制度应包含以下内容:(1)加强设施设备管理人员的责任心,对设施设备进行定期检查,一旦发现问题立即解决;(2)要求设施设备管理人员善于钻研,对设施设备的性能、特点、使用方法、操作常规等烂熟于心;(3)要求管理人员对设施设备科学化维修,针对不同的设施设备要在其不同使用阶段采取不同的修理方法,并且对各种设施设备的维护时间也要进行合理的安排。

科学性的管理制度能够促进体育场馆内设施设备的维护和保修工作,能够为体育场馆的正常运营提供制度保障。

4. 对设施设备及时进行更新改造

体育场馆在经营的过程中也是不断发展的,随着人们生活水平的日益提升,其体育活动方面的要求也逐渐提高。体育场馆也要不断地适应市场需求的变化,针对市场的需求,管理者也要不断地对体育场馆内的设施设备进行更新和改造,以满足市场和消费者的需求,也能使场馆的竞争力得到提升。相反,体育场馆内的设施设备如果不能得到及时的更新和改造,那么就可能会造成体育场馆面临被动经营的局面。

(四)体育场馆设施设备管理的特点

体育场馆设施设备管理的特点主要体现在以下三个方面。

1. 管理具有高效性

台球、羽毛球、网球、乒乓球等体育活动都是比较热门的活动,因此与这类活动相关的设施设备的使用频率是非常高的,加之这类活动需要的设施设备如台球杆、羽毛球、乒乓球等在正常使用的情况下也极易损坏,这就要求管理者在对体育设施设备进行管理时一定要高效,及时对这些极易损坏的设施设备进行维修和更换,否则就会影响体育场馆的正常运营。

在体育场馆的运营中,还有一些设施设备如台球桌的石板部分、游泳池的水处理系统等虽然是不易被损坏的,但随着使用时间的不断增长其损坏的概率也会随着变大,而且这类设施设备具有维修难度高的特点,因此,为了保证体育场馆的正常运行,要求管理者要及时消除这类故障,这对管理者的高效管理提出了更高的要求。

2. 设施设备更新具有周期短的特点

体育场馆内的设施设备损耗有两种情况:一种是有形磨损,另一种是无形磨损。其中,有形磨损指的是体育设施设备在使用过程中造成的机械磨损;无形磨损指的是随着体育场馆运营时间的增长,一些设施设备老化过时,使用价值变低造成的设施设备损失。

在体育场馆的运营中,当体育设施设备的有形磨损和无形磨损达到一定程度之后,就必须要对其进行更新和改造。通常情况下,设施设备更新改造的周期都比较短的,这就要求管理者要对体育场馆内的设施设备的投入产出率及时进行分析,对于磨损严重、投入产出率较低的设施设备及时进行更新和改造,以保证体育场馆的正常运行。

3. 设施设备管理和维修具有广泛性

体育场馆设施设备管理和维修的广泛性主要体现在两个方面:一方面,体育场馆内设施设备的维修要贯穿体育场馆经营活动的始终;另一方面,体育场馆内设施设备的种类繁多,数量也很大,不同的设施设备维修的方法也各不相同,有些设备的维修还要涉及很多专业的知识和技能。因此,设施设备的维修工作量是很大的,而且需要大量的技术较好的维修人员。

二、体育场馆设施设备的管理

(一)体育场馆设施设备管理的基本要求

在体育场馆的经营过程中,体育场馆的设施设备管理的基本要求主要有以下几点:

第一,对设施设备的日常使用和维护保养要实施"四定"策略——指定专人负责、定期清洁保养、定期检查达标、定点存放工作。

第二,对设施设备进行日常管理。一天营业之前和营业结束之后,管理者要指定专人对体育设施设备的状况进行检查,以保障设施设备能正常、安全地供顾客使用,保障体育场馆的正常运营。

第三,高度重视设施设备的管理工作,管理者要根据每项设施设备的不同功能、不同的使用规则及设施设备各自的特点制定出严格的检查、维修、保养等规范。

第四,如果发现体育场馆内的设施设备出现故障,负责人应及时填写《维修单》交由负责维修的部门,使其对设备进行维修,为了不耽误顾客的使用,也可先紧急告知维修部门对设备进行维修,但事后要补交《维修单》。

第五,如果在场馆进行活动的顾客违反《宾客须知》,不听劝阻损坏场馆内的设施设备,负责人可报告上级管理者并按规定要求顾客赔偿。

第六,如果体育场馆内的工作人员因操作违规造成设施设备损坏,要按照体育场馆的相关规定进行赔偿。

第七,在体育场馆的经营过程中,要保证设施设备的完好率达到98%以上,设施设备的维修及时率要达到100%,顾客对设施设备的使用满意度应达到95%以上。

(二)体育场馆设施设备管理的基本程序

体育场馆设施设备管理共有三个程序:更新程序、技术改造程序和报废程序。

1. 体育场馆设施设备的更新程序

更新程度主要指的是从设备更新的计划、决策、选型、订购到日常管理的运行程序,具体运行程序如图3-6所示。

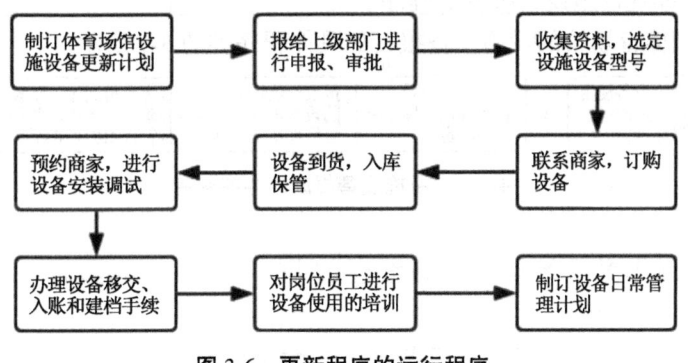

图3-6 更新程序的运行程序

2. 体育场馆设施设备的技术改造程序

体育场馆设施设备的技术改造程序主要包括以下三个运行程序：

第一，发现和收集问题。在体育场馆运营过程中，一些设施设备的结构、配套、安装、使用等与场馆的运营已不相适应，要及时发现这些问题并收集起来。

第二，制定改造方案。针对发现和收集的问题，邀请管理人员、使用人员和工程技术人员等一起召开设施设备改造的会议，共同制定合理的设施设备改造方案。

第三，实施改造方案。根据会议制定的改造方案，对设施设备进行施工改造。

3. 体育场馆设施设备的报废程序

（1）设施设备报废的原则。

在体育场馆的运营过程中，有一些设施设备是必须要淘汰报废的，报废的原则包括以下几点：

第一，国家制定的淘汰产品必须报废。

第二，设施设备出现了故障且无法修复则需报废。

第三，设施设备损坏严重且已经超过了使用期限则需报废。

第四，设施设备因事故造成了损坏，但维修费用高昂甚至接近或超过原价的则需报废。

第五，具有较高安全隐患的且维修费用高昂的设施设备则需报废。

第六，未超过使用期限且能正常运行但盈利能力极差的设施设备需要报废。

（2）办理设施设备报废的程序。

办理体育场馆的设施设备报废的具体程序如图 3-7 所示。

图 3-7　设施设备报废的办理程序

（三）体育场馆设施设备管理的基本方法

1. 为体育场馆内的设施设备建立技术档案

由于体育场馆的经营项目众多，因此场馆内的设施设备种类多，数量大,另外,由于各类设施设备具有维修方法不同、更新周期不一致的特点。因此,设施设备的管理很容易混乱,从而影响体育场馆的正常运行。鉴于此,体育场馆的管理者必须对每一项设施设备都建立相应的技术档案,以便加强对设施设备的管理,这有利于设施设备能够及时方便地得到维修,从而降低设施设备的损耗性并延长其使用寿命。

为设施设备监理技术档案的工作一般需要工程技术部、财务部和其他相关人员共同完成,主要分为以下两个步骤:

第一步是对体育场馆内的所有设施设备进行分类和编号。对体育设施设备进行编号最常用的方法是三节编办法:第一节用来表示设备的种类;第二节用来表示使用设备的部门;第三节用来表示设备的序号。

第二步是对体育场馆内设施设备的相关资料进行整理、归类和备档。要把所有设备的品种、名称、规格、数量、生产厂家、购买日期、使用部门、技术数据及保修说明书等资料整理出来,并按照一定的顺序编号进行归类保存。

2. 为设施设备的使用与保养等制定科学的规程

在体育场馆的运营管理中,对设施设备的管理应逐层落实到个人,除此之外,管理者还应该制定出与设施设备使用、操作、保养、维修等相关的、科学化、合理化的规程,所有的设备负责人都应该按照相关的规程办事。通常情况下,设施设备的日常养护、一级保养和小修由体育场馆的工作人员来负责;设施设备的二级保养、中修和大修主要由工程部来负责。

3. 定期对设施设备管理效果进行考核

体育场馆内设施设备管理的水平高低直接决定了体育场馆服务水平的高低,且设施设备的管理对体育场馆经营活动的开展也有重要的意义,鉴于此,管理者应定期对设施设备管理效果进行考核,以促进管理水平的提升,从而提高体育场馆运营的经济效益。管理效果主要针对以下两项内容进行考核。

(1)体育场馆内设施设备的完好率。

体育场馆在营业的过程中,体育设施设备必须是处于一个完好的状态的,因此,可以通过对设施设备完好率的考核来评价管理的效果。将体育场馆内所有设施设备的总数设为 X,其中,完好的设施设备的数量设为 Y,那么,设施设备的完好率 Z 的计算公式可表示为

$$Z = -\frac{Y}{X} \times 100\%$$

体育场馆内设施设备的完好率应尽量趋向"1",因此,当 Z 的值明显小

于1时,就应当加强体育场馆内设施设备的维修和管理。

(2)体育场馆内设施设备的维修费用率。

在体育场馆的运营过程中,设施设备的维修费用是体育场馆的必要支出费用。在运营条件和时间一定的情况下,设施设备的维修费用率也能准确反映其管理效果。通常情况下,用体育场馆年度百元营业额的设施设备的维修费用率对设施设备的管理进行考核。将体育场馆年度维修费用设为 M,将年营业额(单位:百元)设为 N,那么,年度百元营业额的维修费用率 P 的计算公式可表示为

$$P = -\frac{M}{N} \times 100\%$$

第三节 体育场馆的财力资源管理

体育场馆的财力资源管理主要指的是体育场馆的财务管理。在体育场馆的运营管理过程中,财务管理不仅是一项相对独立的工作,也是综合性的管理工作。

一、体育场馆财务管理的概述

财务管理是体育场馆管理的核心内容,是体育场馆运营管理中不可获缺的部分。要实现体育场馆的健康可持续发展,离不开对体育场馆的财务管理。

(一)财务管理的概念和主要内容

1.财务管理的概念

财务指的是体育场馆在生产过程中的资金运动,财务管理就是对资金的运动进行组织,对体育场馆同各方面的财务关系进行一系列的处理。[①]

要想充分全面地了解财务管理的概念,关键是要透彻了解体育场馆资金运动和财务关系。

---

① 辛克海.体育场馆的科学化运营与管理研究[M].北京:中国商业出版社,2017:116.

第三章 体育场馆的资源管理

资金运动指的是体育场馆在运营的过程中将现金变成非现金、将非现金变成现金的这样一种循环流转的过程。这个过程具有无始无终、不断循环的特点,因此,资金运动也被称为资金循环。

财务关系指的是体育场馆在进行资金循环的过程中,与国家税务部门、银行等金融机构、其他企业、企业内部各单位、企业股东、企业职工、债权人等各方面发生的经济关系。

2. 财务管理的主要内容

在体育场馆的资金循环过程中,财务管理的主要内容包括筹资管理、投资管理、成本费用管理、营业收入和利润分配等。

(二)财务管理的基本特征

财务管理作为企业管理的重要部分,主要有以下几个特征。

1. 财务管理是一项价值管理工作

财务管理就是价值管理,通过财务管理,可以对体育场馆的价值形式进行规划,对体育场馆的生产经营活动进行控制,以此提升体育场馆的经济效益。

2. 财务管理工作具有一定的综合性

财务管理的综合性体现于在财务管理的过程中要处理好与各方面的财务关系。有效的财务管理不仅要合理地组织企业的资金活动,还要与体育场馆发生财务关系的各个方面都协调处理好,只有这样,才能促进体育场馆的经营活动顺利有效地开展,从而提升体育场馆的经济效益。

3. 财务管理的指标能反映经营状况

在体育场馆的经营过程中,如果做好了财务管理工作,那么形成的财务指标能够反映体育场馆在经营过程中的许多问题,能够反映企业的经营状况。比如,通过财务指标可以判断体育场馆的产品是否适销对路,也可以判断体育场馆的经营方式是否合理等。正是因为体育场馆财务管理具有这个特征和功能,所以,体育场馆可以将财务指标作为经营决策的一个重要的参考依据。

(三)财务管理的基本目标和主要任务

1. 财务管理的基本目标

财务管理的目标即体育场馆财务管理所要达成的目的,财务管理的目标和体育场馆活动的总目标应该是相一致的。

财务管理的基本目标就是使体育场馆的价值达到最大化或者使体育场馆的财富达到最大化。要达成财务管理的基本目标,需要体育场馆通过对体育场馆资金的时间价值和风险报酬等因素的统筹考虑,合理经营并不断地对体育场馆的财务政策进行调整,从而不断提升体育场馆的价值和财富,最终达成体育场馆的价值和财富最大化。

2. 财务管理的主要任务

财务管理的任务包含在体育场馆经营的任务中。财务管理主要是利用价值形式对体育场馆资金进行合理组织,目的是服务体育场馆的生产经营活动。财务管理的主要任务与财务管理的主要内容是相对的,筹资管理的主要任务就是通过合理正确的筹资方式为体育场馆的生产经营的资金需要提供保障;投资管理的主要任务就是要合理使用体育场馆资金,使体育场馆资金的利用效果达到最佳;成本费用管理的主要任务就是要尽力使体育场馆的经营成本降低,从而使体育场馆的盈利最大化;营业收入和利润分配的主要任务就是要做好体育场馆的收入分配工作,依法纳税等。除此之外,财务管理的主要任务还包括做好财务监管、维护好体育场馆的财务纪律等。

二、体育场馆的营业收入和费用支出管理

体育场馆的营业收入管理和费用支出管理是体育场馆财务管理的最主要的内容。

(一)体育场馆的营业收入管理

1. 体育场馆营业收入的分类

体育场馆的经营项目、环境和规模都是各不相同的,因此,各体育场馆的营业收入也表现出不同的特点,相应的体育场馆营业收入的分类也比较复杂。通常情况下,体育场馆的营业收入分类有以下几种。

(1)按照体育场馆经营的运动项目分类。

按照体育场馆经营的项目对营业收入进行分类是一种直观的分类方法,也可以按照以下两种形式进行分类:第一,按照体育场馆经营项目的重要程度可以将营业收入分为主营项目收入和辅助项目收入,按照这种区分方法,各个体育场馆的主要经营项目不同,收入的分类也各不相同;第二,按照体育场馆经营项目的活动方式可以将营业收入分为锻炼项目收入、培训

第三章 体育场馆的资源管理

项目收入和比赛项目收入,按照这种分类方法,不会因为体育场馆不同而产生不同的分类方式,这就有利于体育场馆之间的横向比较。

(2)按照体育场馆的经营方式分类。

以体育场馆的经营方式为分类依据,具体可以将体育场馆收入分为两大类:常规销售收入和优惠促销收入。其中,常规销售收入是指按照日常价格进行销售产生的收入;优惠促销收入是体育场馆为了开拓市场并稳定当前的顾客而在特定的时期或针对特定的人群进行促销活动而产生的收入。而常规销售收入和优惠促销收入还可以细分,具体如图 3-8 所示。

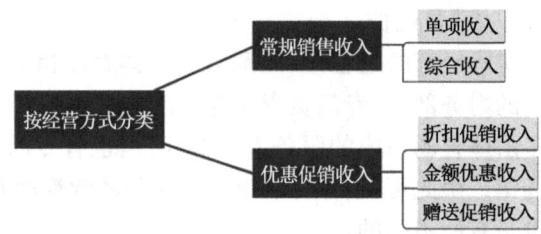

图 3-8　体育场馆收入按经营方式分类

图 3-8 中,常规销售收入中的单项收入是指为消费者提供单项服务项目中的累积收入的总和;综合收入是为指消费者提供的多个项目多次服务中一次性获得的收入的总和。优惠促销收入中折扣促销收入就是我们通常所说的打折,按照一定的百分比对消费者的消费总额进行优惠计算;金额优惠收入是我们通常所说的抹零,例如顾客消费 1100 元,而实际付款 1000 元,这就是金额优惠;赠送促销收入分为两种情况:一种是赠送具有纪念意义的小礼品,如玩偶等。另一种是赠送体育场馆内的适量服务,如买 10 节私教课送 2 节等。需要注意的是,无论体育场馆进行哪种方式的优惠促销,必须要在核算产品服务成本的基础上进行,并且必须对优惠后的收费进行准确的记录,必要情况下有些优惠方式还要得到上级管理人员的批准后才可进行。

(3)按照体育场馆的价格计算方式分类。

按照体育场馆的价格计算方式可以将体育场馆的收入分为三类:计时收入、计量收入和计人次收入。

其中,计时收入指的是按消费者的消费时间进行收费形成的收入,大多数乒乓球室、网球场、羽毛球场等会按照计时收费的方式进行经营活动;计量收入指的是消费者对服务设备和经营产品使用的数量进行收费形成的收入,比如保龄球就是以局为单位进行收费的;计人次收入指的是按照消费者的人数和次数进行收费形成的收入,一般游泳池会按照这种方式进行收费。

2. 体育场馆营业收入的管理

在体育场馆的营业收入中，无形服务产品的销售收入是很重要的组成部分，但是无形服务产品的销售收入控制与有形产品相比难度要大得多，并且收款员要直接接触大量的现金，这在一定程度上也增加了对收入进行控制的难度。因此，做好体育场馆的收入管理工作，对收入进行有效的控制，对体育场馆的经营管理来说是一项十分重要的工作。

做好收入管理工作，一定要做好以下几个方面的工作。

(1) 合理设置收款员岗位。

体育场馆在实际经营的过程中，一般大型的体育场馆会设置专门的收款员岗位和专门的财务部门，专门负责体育场馆的财务部门，而小型的体育场馆的收款员多由体育场馆内的服务人员兼任，但也有专门设置收款员岗位的小型体育场馆。由此可见，体育场馆的规模和经营管理方式不同，其收款管理的方式也是有所不同的。

从理论上来说，无论体育场馆的规模是大是小，都应该由专门的财务部门负责体育场馆的财务工作，且体育场馆应设置专职收款员的岗位，这不仅能在一定程度上降低收入管理的难度，而且能使体育场馆的财务管理工作有条不紊地进行，从而保证体育场馆的经济效益不受损失。

(2) 认真选拔和培养收款员。

选拔和培养优秀的收款员是体育场馆做好收入管理工作的关键所在，只有选拔和培养出优秀的收款员，才能使体育场馆的收款管理工作顺利进行，才能使收入管理工作得到良好成效。选拔收款员时有以下几个原则：首先，收款员应具备良好的道德观念和端正的工作态度；其次，收款员应具有较强的业务能力，能很好地应对工作中出现的各种财务问题；最后，收款员还应该有良好的形象，具备良好的沟通表达能力，以便工作的顺利开展。

(3) 合理安排收款地点。

消费者在体育场馆的任何一个消费项目都要支付相应的费用，体育场馆营业收入管理工作的一项最重要的工作就是对消费者的消费项目进行收款。因此，体育场馆应该在场馆内合理的安排收款地点，以便收费工作能够准确、便捷、顺利地开展。

对于一些大型的体育中心来说，其场馆占地面积大，服务项目多，人流大且人员复杂，在这种情况下，如果收款工作不能及时进行，就可能会发生遗漏收款的现象，从而使体育场馆遭受一定的损失。为了避免这种情况的发生，可以在体育场馆内多设置几个收款地点，或者在每个活动项目的地点各设置一个收银台。但是这种做法也有一些缺点，因为多设收银台相应地就要多增加收款人员,这不仅给管理工作加大了难度,还提高了体育场馆的运营的人工成本。因此,体育场馆在运营管理的过程中,收款地点要经过综合考虑之后选择最合理的安排方式,以便收入管理的工作顺利有效进行。

(4)科学设计收费单据。

体育场馆在进行收费时要出具相应的收费单据,体育场馆在对收费单据进行设计时一定要做到科学。收费单据上要对全部的管理内容有所体现,但是也要遵循简洁、明了的原则,收费单据上应避免出现模棱两可的词语,要尽量使填表者能够准确地理解单据内容,尽量将收费单据设计的只需用"√""×"或者数字就能够完成单据的填写。除此之外,单据设计要尽可能地规范和美观,也要便于保存和查阅。

(5)加强监查管理工作。

在体育场馆的经营和管理中,对财务账目的核查和计算是财务管理的一项非常重要的工作。一些大型的体育场馆通常会设置专门的财务监查组来完成这项工作,一些规模一般或者小型的体育场馆也会设置专门或者兼职人员负责对财务的监查。

监查人员的主要职责就是对收银员的工作进行监督和检查,一般通过查对核算收银员的账目、厘清财务票据和代用币或代用券等方式来进行监查工作。在体育场馆的经营管理过程中,加强监查管理工作,一方面能够有效防治收款方面存在的漏洞,另一方面还能对"跑账""窃款""错账"等问题起到一定的预防作用。但是这些问题单单通过加强监查管理是不能完全避免的,体育场馆还应该制定其他相关的措施和制度配合监查管理工作,同时,应选择素质较高的人员负责监查工作,也要经常对监查人员进行相关的专业培训,以提高监查人员的业务能力。

(二)体育场馆的费用支出管理

1.体育场馆费用支出的分类

体育场馆的经营项目、环境、所处区域和规模都是各不相同的,因此,各体育场馆的费用支出也呈现出不同的特点。通常情况下,对体育场馆的费用支出分类有以下几种。

(1)按照体育场馆经营的性质分类。

按照体育场馆经营的性质对费用支出进行分类,主要可以分为两大类:营业成本和期间费用。

营业成本是已经确定了归属期和归属对象的各种直接费用,与营业收入是相对的。营业成本包括三个部分:经营业务成本、劳资成本、其他业务

理论与实践：体育场馆的运营管理

成本。在体育场馆的运营中，营业成本的主要内容包括设施设备维护费用、员工工资、业务费用等。

体育场馆在经营过程中产生的费用支出指的就是期间费用。期间费用主要有三个产生途径：第一，用于支付经营期间各部门日常支出及损耗的营业费用；第二，用于支付经营期间行政和办公支出的费用；第三，用于支付经营期间财务管理所支出的费用。

（2）按照体育场馆的经营项目分类。

按照体育场馆的经营项目对体育场馆的费用支出进行分类的依据是体育开展各项专项业务活动及其辅助活动发生的费用支出。按照这个依据，可以将体育场馆的费用支出分为六大类：公务费、业务费、设备购置费、修缮费、工资福利费用、其他费用。

其中，费用支出中的业务费指的是体育场馆为了正常开展经营和生产活动而发生的费用支出；工资福利费用主要包括了员工基本工资、员工福利费、员工社会保险费用、员工补助工资等。

（3）按照时间对体育场馆的费用支出分类。

按照时间的不同，可以将体育场馆的费用支出分为三大类：直接费用、期间费用和跨期费用。

直接费用是指体育场馆为了获得营业收入而直接产生的费用支出。期间费用指的是仅仅有助于实现体育场馆当期的营业收入费用支出，以及为数细微、不值得在各个期间分摊的费用支出。跨期费用是指效用在一个会计期间以上的费用支出。

2.体育场馆费用支出的管理

费用支出管理是体育场馆在经营管理中必须要实施的一项基本工作。要做好费用支出管理工作，就必须做到有章可循，体育场馆的管理者在对管理工作制订管理计划和标准时应遵循精打细算、勤俭节约、有利于工作的原则。具体应该做好以下几个方面的工作。

（1）制订体育场馆费用支出的计划。

每个体育场馆的经营规模、经营体制是各不相同的，因此，体育场馆要根据自身的实际情况制订费用支出计划时。一般情况下，体育场馆可以按时间段，如按月、季度、年度等来制订费用支出的计划。

一些大型的体育场馆费用支出相对较多，因此，在每个月的月底，各个部门及其下属企业都会根据下月工作计划对本部门的费用支出计划进行合理的制定，并由财务部门报上级进行逐级审批，审批通过后，下月就按计划执行费用支出计划。体育场馆要合理设置费用支出计划的审批权限，要根

第三章 体育场馆的资源管理

据体育场馆本身的具体情况来确定。

（2）制定体育场馆费用支出的标准。

体育场馆在制定费用支出标准时，为了方便管理人员更清楚地掌握支出状况，不同类型的体育场馆应根据实际情况来确定标准。

体育场馆费用支出标准的制定主要有以下几种类型：①借款审批及其标准；②出差支出标准及其报销审批计划；③业务招待费标准及其审批；④员工福利支出标准及其审批；⑤员工医疗费用支出标准及其审批；⑥其他费用支出标准及其审批；等等。

体育场馆的费用支出标准的制定，可以根据费用支出类别的不同制定出使用的标准和规定。如图3-9是某企业的公务通信费用支出标准及其审批的部分内容，其就是按照费用支出的类别进行制定的。

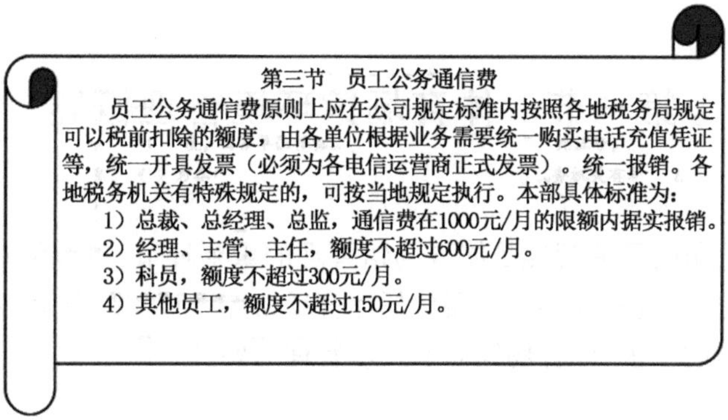

第三节　员工公务通信费

员工公务通信费原则上应在公司规定标准内按照各地税务局规定可以税前扣除的额度，由各单位根据业务需要统一购买电话充值凭证等，统一开具发票（必须为各电信运营商正式发票）。统一报销。各地税务机关有特殊规定的，可按当地规定执行。本部具体标准为：

1）总裁、总经理、总监，通信费在1000元/月的限额内据实报销。
2）经理、主管、主任，额度不超过600元/月。
3）科员，额度不超过300元/月。
4）其他员工，额度不超过150元/月。

图3-9　某企业公务通信费用支出标准及其审批部分内容

（3）为体育场馆配备专业的出纳员。

出纳工作是会计工作中非常重要的环节，在对体育场馆的费用支出进行管理的过程中，设置一个专业的出纳员岗位是非常关键的。

出纳员的工作涉及现金收付、银行结算等业务，出纳工作与员工、企业甚至是国家的经济利益都有着直接的关系，出纳工作一旦出现差错，有可能会造成严重的经济损失。因此，体育场馆配备的出纳员要符合以下两个标准：第一，具有较高的道德素质，能够严格遵守《会计法》《会计基础工作规范》等财会法规；第二，具有良好的自觉性，能够严格遵守体育场馆制定的费用支出细则。

第四章　体育场馆的环境管理

体育场馆的环境管理是体育场馆管理中的重要一部分,对体育场馆发展具有重要的意义。本章首先对体育场馆的环境管理进行了概述,其次阐述了体育场馆的卫生管理,再次对体育场馆的绿化管理进行了简要分析,最后论述了体育场馆与环境文化教育的关系。

第一节　体育场馆环境管理概述

体育场馆的环境管理是体育场馆管理的重要环节,本节将对体育场馆的环境管理进行基本阐述,主要包括体育场馆环境管理的概念、体育场馆外部环境管理的要求、体育场馆内部环境管理的要求。

一、体育场馆环境管理的概念

(一)环境管理

环境管理是指以国家的相关政策、法律等为依据,以环境和发展综合决策为着手点,将宏观综合决策和微观执法监督有机结合起来,利用多种管理手段来调控人的行为、协调经济和环境保护之间的关系,以维持区域的正常环境秩序和环境安全,从而实现区域社会可持续发展的行为。[1]

环境管理的概念最早出现在20世纪70年代,经过近50年的发展,环境管理已经发展成为一门独立的学科。

---

[1] 谭建湘,霍建新,陈锡尧,等.体育场馆经营与管理导论[M].北京:高等教育出版社.2014:407.

第四章 体育场馆的环境管理

(二)体育场馆环境管理

体育场馆指的是用于开展社会体育活动、满足群众体育锻炼、进行体育运动训练与竞赛等经营服务的公共建筑。

体育场馆管理就是以体育场馆为对象,以解决体育场馆中的环境问题为主要内容的环境管理,属于部门环境管理。体育场馆环境管理的定义为:按照国家与地方的环境政策、法律、法规等维护体育场馆中的环境质量,以保持体育场馆环境的协调,使体育场馆发挥正常的功能。

体育场馆环境的管理主要包括以下内容:场馆建筑的规划设计与安装的整个过程、体育场馆的运营维护到拆解的过程。对体育场馆进行环境管理就是为了减少体育场馆设施对自然环境的损害,为进入体育场馆的人营造一个舒适、整洁、干净、安全的公共环境。体育场馆环境管理的宗旨就是保护外环境、维护内环境。体育场馆的外环境管理包括体育场馆在建设、运营过程中对外部环境影响的管理;体育场馆内环境管理主要包括卫生管理与绿化管理。

二、体育场馆外部环境管理的要求

体育场馆的外部环境管理要求体育场馆在进行规划设计、建设安装、运营的过程中坚持绿色、低碳的原则,从而保持体育场馆区域的环境秩序和环境安全。也就是说,体育场馆设计、建设、运营的整个过程都要做好外部环境管理工作,具体要做到以下几点:

第一,从规划设计角度来说,在进行规划时不能牺牲绿色植被,也不能改变山川河流的基本面貌;在选择体育场馆的地址时,要贴近人们的生活圈,并且交通要便利;体育场馆的结构设计要简单、实用,要设计一些景观,同时还要保持良好的采光与通风条件;在建筑功能的设计方面,要具有综合开发使用的基本条件。

第二,在建设体育场馆时,要尽量使用能耗相对较低的照明、通风、音响等设备,并要提升油、电等相关能源的利用率;要采用容易降解或者可以再循环使用的建筑装饰材料,一定不能使用有毒、有害的施工材料或者不符合室内建筑安装环保要求的其他材料。

第三,看台、座位等的设计要合理,基本的原则是尽量节省空间等,增加公共体育场馆的实际使用面积。

第四,要注意废物的排放,做好土壤保持,进行生活垃圾分类收集,要节约用水,做好废水净化工作。

三、体育场馆内部环境管理的要求

体育场馆是公共场所,因此,体育场馆的内部环境必须符合国家标准与要求,如《公共场所卫生管理条例》就规定体育场馆要遵循卫生法律、行政法规、部门规章等,还要开展公共场所卫生知识宣传,保障公众健康,并提供良好的卫生环境。同时,体育场馆除了要符合国家环境标准,还要符合体育场馆所开放条件与技术要求,要符合文化娱乐场所卫生标准、游泳场所卫生标准、体育馆卫生标准等。

当体育场馆的性质、规模与使用方式不同时,体育场馆内环境管理与实施的方式也是不同的。就中小型的体育场馆而言,其通常不会设置专门的环境管理部门,只是把体育场馆开放、场地维护、卫生管理等结合为一体,以充分发挥运动场所与设施的功能为前提,从而制定相关的管理措施;就大型的综合性的体育场馆而言,其管理时分工是十分明确的,如环境管理采用的是物业管理模式及卫生服务与绿化养护由专人负责的方法。

第二节 体育场馆卫生管理

一、体育场馆卫生管理概述

(一)体育场馆卫生管理的意义

卫生管理是体育场馆管理中至关重要的部分。体育场馆卫生工作的好坏能够在一定程度上反映出场馆管理水平的高低,体育场馆卫生管理的水平也会影响体育场馆所在单位、地区的形象,因此,做好体育场馆卫生管理尤其重要。

体育场馆卫生管理的意义主要有以下几点:第一,做好体育场馆的卫生管理工作能够为体育场馆树立良好的形象,干净、整洁的卫生环境能够给在体育场馆运动的人留下较好的印象;第二,做好体育场馆的卫生管理工作能够展现体育场馆的管理能力与管理水平,环境卫生管理是体育场馆设施质

第四章 体育场馆的环境管理

量与服务质量的保证,能够增强体育消费者对体育场馆服务质量的信心;第三,做好体育场馆管理工作能够为体育消费者提供一个整洁、舒适、满意的体育运动场所,有助于其进行体育锻炼;第四,如果体育场馆中环境较差,场馆中有垃圾或灰尘等,对在体育场馆中锻炼的人的健康是十分不利的,体育场馆中没有及时清理的垃圾与杂物也可能会导致运动者受伤。

(二)体育场馆卫生工作标准

1. 各类工作用房卫生标准。

走廊、观众休息厅、服务台、主席台、贵宾休息室、医务值班室各类工作用房等的卫生标准基本是一致的,下面将从训练与比赛前、活动中两个角度来阐述以上用房的卫生标准。

(1)训练与比赛前的卫生标准。

训练与比赛前的卫生标准主要包括以下几点:①地面的标准,地面要无尘土、无杂物、无痰迹、无污点;②物品的标准,物品、设施要清洁,要求摆放整齐,没有短缺或破损的情况;③墙壁的标准,墙壁要干净无破损,窗台、暖气片、茶几等要无尘土与杂物;④天花板的标准,天花板要求无灰尘、蜘蛛网;⑤门、玻璃与窗帘标准,门板要干净整洁,窗户玻璃要干净、明亮,窗帘要干净、整齐、无破损、无掉钩;⑥饮水台与果皮箱标准,饮水台要干净、整洁、无杂物,果皮箱要干净、没有污渍。

(2)活动中的卫生标准。

在活动进行中,要及时对各类工作用房进行打扫清理,保持整体干净与整洁,对主席台、贵宾休息室等比较重要的地方,要做到随脏随扫。

2. 厕所卫生标准

厕所是比较特殊的地方,卫生管理工作尤其要做好。

(1)活动前的卫生标准。

在活动开展前,要保证厕所地面无杂物、污点和痰迹;大小便池要无粪迹、尿碱、水秀等;墙壁瓷砖上无水锈;隔扇门干净且无污迹;脸池、地漏等不堵,且干净无杂物,地漏盖子要盖好;水箱、管道、镜子要干净;厕所中无异味。

(2)活动中的卫生标准。

在活动中要注意保持厕所卫生,要及时清理便池内外的污物,要常放水冲洗。同时,为了消除厕所中的不良味道,可以点香或喷洒空气清新剂。

3. 观众席卫生标准

(1)活动前的卫生标准。

在活动前,观众席的地面要整洁,无垃圾、污渍等;座椅要干净、无灰尘、无杂物;通道与楼梯要干净且无杂物;墙面、护栏等要无灰尘、无破损、无污迹。

(2)活动中的卫生标准。

在活动进行中,要及时清理那些会影响观众与比赛的杂物、污物,时刻保护观众席的干净与整洁,以给观众最佳的体验。

4 环境卫生标准

场馆的环境与卫生标准为:第一,体育场馆的松墙与绿化草坪中要整洁且无杂物;第二,体育场馆的马路和墙边要无杂草、垃圾、杂物等,墙面要干净整洁,无破损、污迹等;第三,体育场馆的墙壁与点灯杆上不能有和本次比赛、活动等无关的广告、标语等。

二、体育场馆卫生服务机构的设立

(一)体育场馆卫生管理机构设立的原则

设立体育场馆卫生管理机构,需要遵循以下原则:

第一,要坚持精干高效与一专多能的原则,实行物业公司管理下的管理处主任责任制,由专门的物业公司来管理体育场馆的卫生事务。

第二,卫生管理处要接受各方面的管理与监督,接受体育场馆的服务质量检查与监督,接受市、区国土房管局主管部门的业务指导。

第三,卫生管理处要认真履行管理合同中的义务与责任,正确行使自己的权利,做到投标方案中的承诺,切实做好自身的工作。

(二)体育场馆卫生管理机构的设置

体育场馆卫生管理机构被叫作卫生清洁管理处,下设机构有客户服务部、清洁服务部。体育场馆卫生清洁管理处组织结构如图4-1所示。

第四章 体育场馆的环境管理

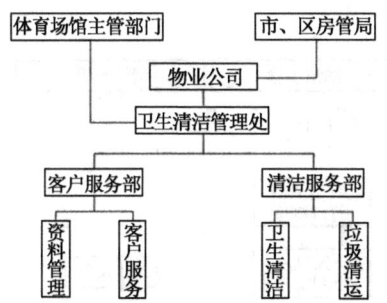

图 4-1 体育场馆卫生清洁管理处组织结构

1. 客户服务部

客户服务部是卫生清洁管理处的中枢指挥机构,主要工作就是进行资料管理,为提供客户服务,其基本的工作内容包括以下几点：(1)处理物业管理的日常事务；(2)监督并协调每个部门的日常工作；(3)与各个单位进行沟通与交流；(4)监督并检查物业管理服务的质量；(5)协调各个部门的工作。

2. 清洁服务部

清洁服务部主要负责卫生清洁与垃圾清运,由清洁主管管理,其管理层次如图 4-2 所示,每个层次的工作人员其具体职责如下：

第一,清洁主管主要负责整个体育场馆的卫生管理工作,要对卫生清洁管理工作进行系统、全面的规划,并要对管理方案与合同规定的工作内容进行落实,总而言之就是要做好监督、服务、协调、指导等工作。

第二,清洁领班主要负责制订详细的清洁计划与清洁方案,接受清洁主管与其他领导的指导,同时要指导并监督清洁人员的工作。

第三,清洁人员负责体育场馆的清洁工作,接受上级部门的监督与领导。

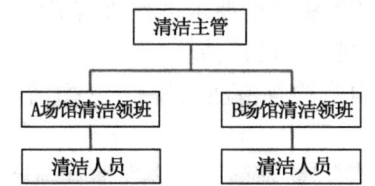

图 4-2 体育场馆卫生清洁部门管理层次

三、体育场馆卫生服务管理流程

体育场馆卫生清洁管理是该部门所有人共同参与的管理过程,其基本的流程如图 4-3 所示。

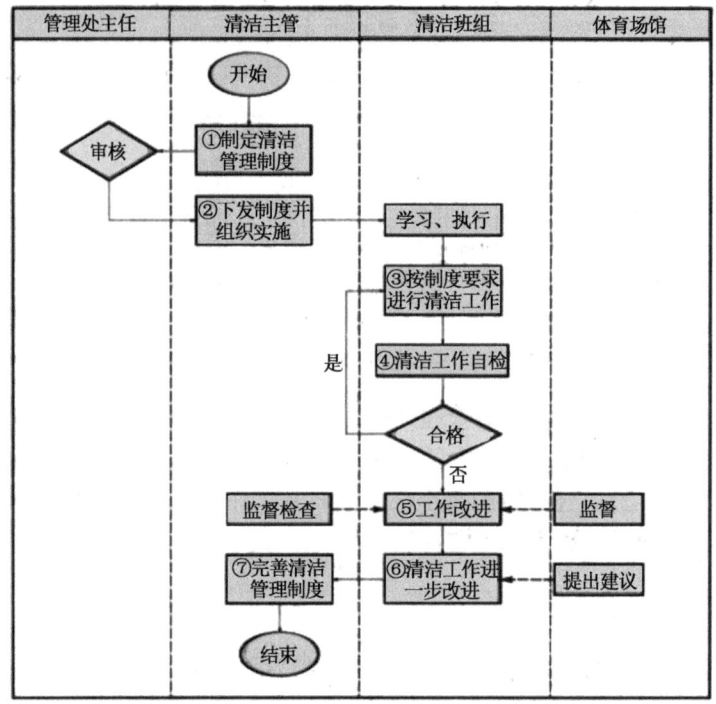

图 4-3　体育场馆卫生服务管理流程

第一步,清洁主管制定清洁管理制度,制度要与体育场馆的实际情况相符合,要有明确的奖励与惩罚措施。

第二步,清洁主管将制定的清洁管理制度交给管理处主任审核,审核通过后清洁主管即下发制度,同时组织下属部门实施该制度,清洁班组按照规定学习并执行清洁管理制度。

第三步,清洁班组按照制度的要求进行清洁工作,清洁要认真、仔细,尤其要注意死角和容易忽视区域的清洁。

第四步,清洁班组自行检查清洁工作,一般由清洁领班检查,检查要认真、细致。

第五步,如果检查不合格,清洁班组要在体育场馆与清洁主管的监督下改进工作,直到清洁工作符合要求。

第六步,体育场馆提出建议帮助清洁班组进一步改进清洁工作。

第七步,清洁主管根据具体情况完善清洁管理制度。

第四章 体育场馆的环境管理

四、体育场馆卫生治疗保障体系

体育场馆的卫生治疗保障体系建设的重点有质量保证负责人的选派、卫生服务管理规范的确立与落实、员工培训、客户服务、突发事件应急处理。

(一)质量保证负责人的选派

质量保证负责人在体育场馆管理中具有至关重要的作用,会直接影响管理工作的效果,因此质量保证负责人的选派必须要慎重。具体来说,对质量保证负责人的要求有以下几点:第一,文化程度要高,要有物业管理师证书;第二,要具有出色的文字与口头表达能力,能够完整且准确地向上级汇报工作,向下级传达要求;第三,要具有出色的组织协调能力和人事管理的能力,要能够协调各方关系,管理好工作人员;第四,要有体育场馆管理的经验,要求从事体育工作三年以上。

(二)卫生服务管理规范的确立与落实

1. 卫生服务管理的规范流程

卫生服务管理的规范流程主要有信息反馈流程、巡查流程、服务投诉处理和回访流程、物料控制流程、档案建立管理流程、服务语言流程等。在进行卫生服务管理时,一定要严格遵循这个流程,以促进卫生服务管理更加规范。

2. 卫生服务管理的人员规章制度

卫生服务管理的人员规章制度主要有管理人员管理制度、管理人员纪律规定、清洁服务人员规章制度等。相关负责人要制定严格、规范的人员规章管理制度,同时也要切实落实这些管理制度,以规范人员的管理。

3. 卫生服务管理的工作要求

卫生服务管理的工作要求包括保洁服务范围与要求、管理人员服务规范要求、卫生清洁标准与要求等,相关负责人要做好卫生服务管理工作要求的制定,同时也要切实落实管理规范,具体要做到以下几点:

第一,要做好培训工作。要重视员工的上岗前培训、岗位培训和考核,以不断提升工作人员的卫生服务水平。

第二,要切实落实卫生服务工作。在进行卫生服务管理时,要抓好日常保洁服务的过程,从清洁操作的要求、清洁作业频率、清洁的标准、清洁的范围等多方面落实清洁工作。

第三,要重视检查工作。首先,清洁领班每天都要对本班的清洁工作进行检查,并要填写《每日工作检查表》;其次,管理人员每天都要检查清洁班的清洁工作,并填写《物业巡检表》;最后,管理主任要定期抽查清洁工作,并检查管理人员与清洁领班的检查工作,还要填写《管理处工作检查表》,如果在检查中发现了不符合标准或要求的地方,要督促相关人员及时改正。

(三)员工培训

员工培训主要包括入职培训、在职培训等。入职培训就是在员工初进入公司时进行的培训,培训目的是帮助新员工熟悉公司的规章制度和劳务人事政策,掌握岗位的要求;在职培训是员工在职期间进行的培训,目的是帮助员工提升业务能力与水平,包括内部岗位培训、外送专业培训与在职自学培训等,其中,内部培训是在职培训最主要的形式,常使用的培训方式有技能培训、新技术与新设备培训、专题研讨、案例分析等。

体育场馆要做好员工的培训工作,切实落实员工的入职培训与在职培训,每年都要开展多种形式的培训,要开设岗位职责、成本控制、物业管理概论、管理费收支、计算机应用等培训课程。

(四)客户服务

体育场馆的客户服务包括投诉处理、24小时客户服务等,进行客户服务的目的就是协调公共关系,使体育场馆与消费者保持良好的关系。体育场馆进行客户服务时需要注意以下几点:第一,从接到电话、来访开始,直到接听、来访完毕的整个过程都要语气柔和、用词礼貌;第二,要重视《意见征询表》,并要将表中的内容作为工作考核的依据;第三,要制定完善的服务投诉受理流程,完善服务投诉渠道,提高处理投诉的效率;第四,要认真对待每一个投诉,做好投诉受理、投诉处理与投诉回访工作。

(五)突发事件应急处理

突发事件应急处理是体育场馆环境管理的重要内容,为了应对突发事件,体育场馆要成立专门的应急小组,应急小组要24小时值班,保障在接到处理应急事件的通知后能够在10分钟之内到达现场。同时,体育场馆的相关人员要制定出完整、可行的应急方案,方便应对各种突发事件,包括暴雨天气应急方案、人员疏导应急方案、危险品与有毒物品应急方案、火灾应急方案等。

第三节 体育场馆绿化管理

一、体育场馆绿化管理的内容

(一)体育场馆绿化管理的目标

体育场馆不仅具有为群众提供健身场所的职能,还具有改善人居环境的作用,体育场馆要想充分发挥出自身的职能,需要不断健全全民健身设施、改善环境条件、做好绿化工作,将体育场馆建设和城市建设、环境建设、园林建设等结合起来。鉴于此,体育场馆绿化管理的目标包括以下内容:规范绿化工作的管理,确保绿化物长势良好,保持良好的植物覆盖率,美化体育场馆与周边的环境,为体育场馆使用者提供健康、舒适的锻炼环境。

(二)体育场馆绿化管理的内容

体育场馆绿化管理的主要内容包括日常管理、翻新改造、花木种植、环境布置等。

1. 日常管理

体育场馆绿化的日常管理有浇水、施肥、打扫、除草、修剪等。体育场馆的相关工作人员每天要对绿化植物浇水,还要定期施肥、除草、修剪等,以保障绿化植物的正常生长。

2. 翻新改造

对绿化的翻新改造主要是对草坪、绿篱、花坛植物进行翻新和补植以及对时令花卉的更换与翻新。对绿化植物进行翻新与改造能够使体育场馆的环境保持美观,营造出优美、舒适的氛围。

3. 花木种植

花木种植包括苗圃花木种植和工程苗木种植。苗圃花木种植是管理部门为了方便绿化管理,自行建立的花木生产基础,可以用来栽培时令花卉、繁殖苗木、进行花木养护等;工程苗木种植即按照绿化设计的要求栽种绿化苗木。

对于体育场馆绿化管理而言,常用的花木种植方式是工程苗木种植。体育场馆会先设计好绿化施工的方案,之后会依据方案设置来种植花木。

4. 环境布置

环境布置同样也是绿化管理的工作之一。优美的环境布置能够帮助体育场馆营造舒适、温馨的氛围,使人放松身心,便于人们以愉悦、轻松的心态投入到运动中去,激发人们体育锻炼的热情。

(三)体育场馆绿化管理的重点

对于不同类型的绿化植物,其管理的重点是不同的,具体如下:

对于乔木、灌木等植物,要注意观察其松土与除草情况、长势和肥水情况、修剪与株型情况、生病和虫害等情况、有无重叠枝和徒长枝、是否有折断枝和枯黄枝。

对于绿篱和造型植物,要注意其是否有病害和虫害,观察其造型是否有变形或崩露,检查有没有寄生或杂生的植物,看是否有枯枝、黄枝、空脚等现象,同时也要注意检查植物的施肥、水分与生长情况。

对于地栽花卉,要注意其施肥和水分情况、长势、周围有无杂草。

对于草坪,要注意杂草生长状况、施肥与浇水情况,查看草坪表面是否平整,有无秃斑等,还要注意及时清理草坪中的垃圾杂物。

对于室内植物,要注意是否有枯叶、黄叶等现象,及时清理植物叶面的积尘、盆中的杂物等,同时也要留心植物的生长情况。

二、体育场馆绿化管理的制度与程序

(一)体育场馆绿化工作管理制度

1. 绿化工作管理规定

绿化管理工作规定大致有以下几点:第一,相关工作人员要做好自己管辖的区域的日常巡视、养护以及监管的工作,要严格遵守绿化管理规定、履行绿化养护职责;第二,相关工作人员要严格按照绿化养护工作的要求安排绿化工作、进行绿化作业,同时管理处要定期检查与考核绿化工作;第三,相关工作人员要爱护绿化工具和设备,当绿化工具与设备出现损坏后要及时上报维修,以保障其处于良好的使用状态。

2. 绿化养护过程安全规定

绿化养护过程安全规定大致有以下几点:第一,在进行喷洒工作时,要采取一定的防护措施,要注意风向、喷洒的方向和喷洒的范围,避免喷洒的药物进入室内;第二,在使用水管喷淋时,要注意水管铺设在地面上对人和车辆造成的不便;第三,在使用机器进行绿化养护时,要采取安全措施,避免伤害到人,在使用机器之前,要对机器进行安全检查,确保机器使用的安全,也要在机器上安装钢制的防护罩,以防止碎片等飞出对人造成伤害,在机器的运行过程中,不要随便改动机器的防护罩。

3. 绿化管理检查规程

绿化管理检查规程有以下几点:第一,绿化员每天都要巡视、养护绿化植物,同时要认真记录养护的内容,如果遇到了事故或疑问要及时向上级主管报告;第二,绿化管理主管要严格按照《绿化服务质量检查规程》中的要求对其所负责的区域的绿化情况进行检查,对于绿化员反映的信息、问题要及时处理,同时每个月都要有月度绿化养护管理工作总结,月度总结要呈交管理处主任;第三,管理处主任要定期巡查自己辖区的绿化养护情况,及时处理下级提交的事件,审查环境主管提交的月工作报告。

(二) 体育场馆绿化管理程序

体育场馆绿化管理的程序分为五步:第一步,确定绿化方案;第二步,委托施工;第三步,施工质量监管;第四步,绿化工程验收;第五步,日常养护与日常管理。

1. 确定绿化方案

确定绿化方案是体育场馆绿化管理的开始。首先,绿化管理员要依据体育场馆的绿化需求与实际情况,提出初步的绿化设计方案;其次,管理处主任根据绿化管理员的初步方案制定绿化方案,并上交管理处主任;再次,管理处主任审阅绿化方案,并根据多方意见对绿化方案进行修改;最后,将最终的绿化方案交由上级部门审核、批准。

2. 委托施工

绿化方案制定完成后,就可以寻找绿化工程承包商施工了。体育场馆管理部门要依据《供应商选择程序》来选择合适的绿化工程承包商,并依据相关规定与被选定的承包商签订绿化工程合同。

3. 施工质量监管

在签订完绿化工程合同之后,绿化工程承包商就可以着手施工了,在施工过程中,体育场馆相关人员要对施工质量进行监督。首先,体育场馆相关工作人员要依据绿化工程合同中的规定来监督施工的全过程;其次,对于在施工过程中出现的不符合要求的现象,体育场馆相关负责人要进行记录,并要求承包商进行整改;再次,承包商整改完成后,体育场馆相关负责人要进行检验,如果整改后仍不符合施工要求,要监督承包商再次进行整改;最后,如果在规定的期限内,承包商未完成绿化工作,体育场馆相关负责人应要求承包商赔偿。

4. 绿化工程验收

绿化工程验收时,需要注意以下几点:第一,要组织相关人员进行验收,参与验收的人员最好包括体育场馆物业管理员、管理处主任、承包商等;第二,验收合格且无疑问,参与验收的人员要在《绿化工程验收移交记录表》上签名;第三,如果在验收时发现了问题,相关人员要按照规定改进,改进完成后重新验收,直至验收合格。

5. 日常养护与日常管理

(1)日常养护。

体育场馆绿化的日常养护工作主要有除草、浇水、施肥、杀虫、修剪、补种等。

①除草。管理人员要根据绿化面积的大小,来确定除草人员的数量,并对除草人员的责任范围和工作内容进行规定,列出详细的《保洁员除草责任范围和工作内容一览表》,每个保洁员要依据表中的规定对自己所负责区域的杂草进行清理,每隔半个月除草一次,要保证没有明显的杂草。

②浇水。绿化保养员要定期对绿化植物浇水,对于新栽种的植物,在栽种的10天之内,每天都要浇水一次,等栽种的植物成活之后,就可以适当减少浇水的次数,如果天气较为干旱,一周至少要浇一次水。

③施肥。为了使绿化植物保持良好的生长态势,每个季度要施肥一次。

④杀虫。每周要对绿化植物进行检查,如果有虫害发生,要及时治疗。
⑤修剪。为了保障绿化植物的美观,每年修剪的次数不能低于5次。
⑥补种。当发现枯死、病死等植物时,应当立刻补种。
(2)日常管理。

体育场馆绿化的日常管理工作主要包括以下内容:第一,体育场馆绿化管理员每周要巡查一次绿化带,做好巡查记录,在发现问题之后,要及时通知绿化养护部门处理;第二,体育场馆绿化管理员每月要将绿化巡查记录进行汇总,并将汇总的结果交给管理处主任;第三,管理处主任要认真观察并分析绿化管理员上交的绿化巡查记录,对于那些经常发生的、重大的问题要及时处理。

三、各项绿化管理措施与落实

(一)养护巡查管理措施与落实

养护巡查管理措施与落实主要包括以下几点:第一,要安排专门的技术人员对绿化植物进行全天的养护与保洁工作,做好绿化植物的日常养护与管理;第二,要设置每日检查制度,每天都要检查绿化植物的生长、形态等状况;第三,要实行专人负责制度,有专门的主管统一安排各项工作,保证一旦出现问题能够立刻找到相关责任人。

(二)应急反应措施与落实

应急反应的措施与落实具体如下:第一,要组织专业人员成立专门的应急反应小组,给应急反应小组配备专业的设备,要求应急反应小组随时抢修被损坏的绿化;第二,要注意观看天气预报,注意台风、暴雨、冰雹等天气,在恶劣天气出现的前四个小时要完成对绿化植物的保护工作,在恶劣天气结束之后,要立刻对受损的花木进行整理、修复、更换;第三,要做好各种应急预案,包括冬季或雨季养护预案、排水预案、肥料与机电等的防潮预案等。

第四节 体育场馆与环境文化教育

体育场馆是人员高度密集的场所,其环境管理的措施、效果等具有一定的示范作用,可以对进入场馆中的人进行环境文化教育,因此,公共体育场馆的环境管理是开展公众环境文化教育的重要途径。

一、环境文化教育的概念

在一定的时间、地域条件下,人形成的特定的语言符号、行为模式、价值观念等的复合体就是环境文化。环境文化的核心是价值观念,载体是环境文化语言符号与知识系统。[①]

一些人在体育场馆中锻炼或者观看比赛时,会有随地乱扔垃圾、随地吐痰等不文明的现象,长此以往这种现象就成为习惯,这也就体现出了这部分人环境价值观念的缺失,如果这种不文明的行为没有得到纠正,那么就会有更多人效仿,就会导致更多人价值观念的缺失,从而造成更加不良的影响。体育场馆是公众场所,体育场馆对人们的行为进行严格的要求,能够使人养成文明习惯,树立关注环境、保护环境、维护环境的意识,从而提升其文明价值观念。由此可见,体育场馆在社会精神文明建设、公民道德等方面的作用是突出的。而要在体育场馆中开展环境文化教育,一方面,体育场馆的相关工作人员必须要具备环境意识,另一方面体育场馆要采用一定的措施与手段引导公众形成正确的环境意识。

二、体育场馆相关人员应具备的环境意识

(一)体育场馆管理者的环境意识

管理者是体育场馆管理活动的主导者、指挥者与监督者,在体育场馆进行环境文化教育,体育场馆的管理者首先要具备环境价值观念。体育场馆管理者树立了环境价值观念,一方面能够节约成本,使环境管理工作更加规范。另一方面能够规范、指导工作人员的环境维护工作,有助于提升相关人员的环境意识,为环境文化教育做出一定的贡献。

(二)体育场馆工作人员的环境意识

环境文化教育并不是一蹴而就的,也不是单纯的理论宣讲,而是一个潜

---

① 谭建湘,霍建新,陈锡尧,等.体育场馆经营与管理导论[M].北京:高等教育出版社,2014:420.

第四章 体育场馆的环境管理

移默化的过程。每名员工的工作行为、习惯等都是体育场馆环境意识的表现,是环境文化教育最直观的"教材",会直接影响体育场馆中的每个人。因此,体育场馆的工作人员必须要具备环境意识。

1. 工作人员的个人行为与环境意识

在体育场馆中,常常会出现的不良行为有抽烟、乱扔垃圾、大声喧哗、随地吐痰、破坏绿化、破坏公共设施等。工作人员要想规范进入场馆中人的行为,自己要以身作则,绝对不能出现以上不文明行为。一旦工作人员出现了不文明的现象,不但会损害体育场馆的形象,还会带来负面的影响。

2. 工作人员的岗位职责与环境意识

体育场馆的工作人员应坚守自己的岗位职责,除了专门的保洁部门,所有的工作人员都要培养环境意识,见到垃圾要随手捡起,遇到不文明的现象要及时制止,共同为环境文化教育贡献力量。

三、体育场馆环境文化教育的具体措施

(一)营造整洁且舒适的场馆环境

借助整洁、干净的外在环境来影响人的文化素质与心灵,再借助人的文化素质与心灵的提升来改善体育场馆的物质条件,这是体育场馆环境文化教育的中心任务。由此可见,塑造整洁、舒适、干净的体育场馆环境是环境文化教育的重要前提。

人处在干净整洁的文化环境中,会不自觉地收敛自己的不文明行为,而当人处在杂乱的环境中时,也会不自觉地做出不文明行为。由此可见,环境影响着人的行为,保持体育场馆的干净、卫生、整洁,会向所有人传递保持环境的信息,人们也会在潜移默化中受到影响,培养环境意识。

(二)进行多样化的提示与宣传

体育场馆中有许多宣传平台,可以利用这些平台提示人们时刻注意维护环境,如可以利用横幅、展板、广播、电子显示屏等提醒人们在入场后举止要文明,要注意维持环境;也可以在体育场馆中设置醒目的指引牌,明确标示出休息室、洗手间、垃圾桶、吸烟室等的具体位置,便于人寻找。另外,要将体育场馆环境管理细则张贴在显眼的位置,管理细则上要明确标示出违

反文明举止规定要面临的惩罚。

(三)提供便捷的废物收纳途径

有的时候,人们具有将垃圾扔进垃圾桶中的意识,但是因为垃圾桶过少、过于分散,给人的废物收纳带来了不便,因此也就出现了随地乱扔废物的现象。因此,体育场馆要提供便捷的废物收纳的途径,方便人们处理垃圾,但需要注意的是,垃圾收纳点的设置也不能过多,否则会占据场馆空间、增加成本。

(四)大胆制止不文明行为

当发现不文明行为时,体育场馆中的人都要敢于制止,通常可以使用温和、礼貌的方式进行劝阻,如果当事人的不文明行为较为严重且不听从劝阻,可以请警务人员介入来维持体育场馆的正常秩序。

第五章 体育场馆的风险管理

在体育场馆的运营中,风险是无法避免的,要想保障体育场馆的正常运营,做好体育场馆的风险管理至关重要。本章针对体育场馆的风险管理进行了研究,首先对风险管理进行了基本阐述,其次讨论了风险管理的方法,再次论述了体育场馆公共安全管理,最后探讨了体育场馆紧急事件的管理。

第一节 风险管理概述

风险是体育场馆运营时必然会面临的,本节对风险管理进行了概述,讨论了风险与体育场馆风险的定义、体育场馆风险的特征与要素、体育场馆风险的分类等。

一、风险与体育场馆风险的定义

(一)风险的定义

当前人们对风险的定义主要有广义与狭义两种。从广义的角度来说,风险主要表现为收益的不确定性,人们并不能完全了解或掌握未来事物的状态,认为风险的收益或代价是不确定的,一方面,风险可能会带来利益,另一方面风险可能会带来损失,也可能无法获利,风险和机会是并存的;从狭义的角度来说,风险表现在成本或者代价的不确定性,认为风险就是损失的可能性,风险就是损失。

综合来说,风险就是在一定的客观条件下,在特定的时间之中,预期结果和实际结果之间发生变动的程度的大小,变动的程度大,就说明风险大,变动的程度小,就说明风险小。

风险主要由三部分构成:一是不利事件发生;二是不利事件发生的可能性;三是不利事件发生后的结果。

(二) 体育场馆风险的定义

经营风险指的是企业在商品的生产、销售等过程中,由于市场、技术等变化所引起的各种风险,据此可以将体育场馆风险理解为体育场馆在经营过程中所存在的风险,具体来说,体育场馆风险就是会影响体育场馆正常运作,或者导致参与者伤亡、权益遭到侵害,使体育场馆经营损失等的事件发生的可能性。

体育场馆的经营活动必然会存在风险,风险存在于体育场馆运营的各项活动中,具有不同的表现形式。体育场馆的风险主要表现在两个方面:一方面,体育场馆提供的服务产品面临多种不确定的因素,体育场馆提供的服务产品会受到天气变化等自然因素的影响,还会受到观众、运动员等主观因素的影响;另一方面,体育场馆经营的事故发生率与人身伤害率较高,这就可能会产生各种人身伤害责任赔偿,体育场馆运营的风险也会因此增加。

二、体育场馆风险的特征与要素

(一) 体育场馆风险的特征

体育场馆是凭借生产、销售体育服务产品来获取收益的,因此面临着信用风险、流动性风险、破产风险等。但是,由于体育场馆提供的产品比较特殊,所以体育场馆风险的特征主要是具有高事故和高伤害风险、闲置风险、和较高的质量风险。

1. 具有高事故和高伤害风险

高事故与高伤害风险也是体育场馆运营的特点,这是由体育场馆的行业特征所决定的,事故发生率高以及人身伤害率高就会造成各种人身伤害赔偿,这一类风险带来的损失是远远高于其他的风险的。

2. 具有闲置风险

体育场馆经营的产品的特点是一边生产一边服务,它不能被储存,也无法被运输,还会受到时间、季节等的影响,假如体育场馆的资源没有在当天变为产品,那么这个资源也就浪费了,如果资源需求过大,那么就无法在同一时间重新利用资源,因此,体育场馆会处于较高的闲置风险之中。

3. 具有较高的质量风险

体育场馆经营的产品是无形的服务,也就是无形的产品,因此体育场馆无法预留时间来检验提供给消费者的产品是否合格,也无法保障产品的质量,只能由消费者来检验,而对于同样的服务,不同的消费者因为自身的主观因素,会产生不同的感受,消费者的主观感受是随着自身的心情、性格、兴趣等不断变化的。正是因为这种特征,造成了体育场馆的质量难以控制,因此,体育场馆有较高的质量风险。

(二)体育场馆风险的要素

在体育场馆经营的各个阶段,都会遇到各种风险,因此体育场馆风险的要素在体育场馆经营前、经营中、经营后都存在,另外体育场馆风险的要素也存在于共同风险之中。图 5-1 为体育场馆经营中的风险要素。

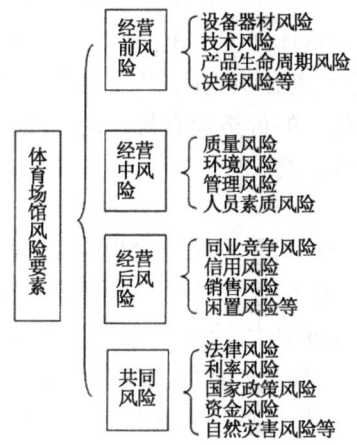

图 5-1　体育场馆风险的要素

三、体育场馆风险的分类

分类的标准不同,体育场馆风险的分类也就不同,可以按照风险的来源、风险的结果、风险的承受能力以及风险产生的原因来对体育场馆的风险进行分类。

(一)按照风险的来源分类

按照来源对体育场馆的风险进行分类,体育场馆的风险主要包括外部风险和内部风险。外部风险指的是来自体育场馆外部环境的风险,如政治风险、经济风险、社会风险、技术风险、管理风险等;内部风险是来自体育场馆自身的风险,包括产品风险、营销风险、财务风险、人事风险等。

1. 外部风险

(1)政治风险。

政治风险指的是由于政治因素发生变化而造成体育场馆出现经济损失或人员伤亡的风险,包括政局变化、政策多变、政府管理部门腐败等因素。对于体育场馆而言,政治风险产生的具体原因有以下几点:第一,法制不健全,法律缺少公正性;第二,政策透明度低,相关机构腐败;第三,政府对体育场馆经营干涉过多且指挥不当;第四,政策多变或政局动荡。

(2)经济风险。

由于竞技实力、经济形势、经济能力等原因导致大型体育场馆遭受损失的风险就是经济风险,产生经济风险的主要原因有以下几点:第一,宏观经济形式不佳,国家或地区整体经济低迷;第二,整体投资环境不佳,经济硬环境、软环境等较差,社会上资金不到位、信用缺失等现象较多;第三,利率的调整幅度过大,国家原材料的价格没有规律的上涨;第四,出现较为严重的通货膨胀现象,国家税收较高。

(3)社会风险。

由于人们的道德观念、价值观念等发生变化,导致人的行为方式、社会结构等发生了较大的变化,由此产生的风险就是社会风险。同其他风险相比,社会风险所影响的范围更大,会波及各个领域、阶层与行业。体育场馆的社会风险主要包括体育场馆所在区域的社会治安、风土人情、风俗习惯、环境水平、社会和谐程度、居民的兴趣爱好与生活水平等。

(4)技术风险。

因为技术条件的不确定而引起的风险就是体育场馆的技术风险,体育场馆的技术风险主要来自以下几点:第一,在体育场馆工程方案的选择、设计、施工等过程中,关于选择技术指标、分析计算模型、确定安全技术等出现了偏差,由此形成的风险;第二,技术目标过高或者技术的标准发生变化所产生的风险;第三,在具体施工时设计的施工方案不能满足施工的要求,由此带来的风险。

(5)管理风险。

因为项目管理组织、管理技术等方面的原因导致项目没有达到原有的目标的风险就是管理风险,管理风险主要包括以下几点:第一,组织机构的设置,如果体育场馆组织机构健全、完整,那么其管理风险会相对较低,反之管理风险则较高；第二，成本控制风险，指的是在体育场馆的规划、建造过程中成本提升的风险；第三，质量风险，指的是因为管理原因造成体育场馆产品产生质量问题的风险；第四，项目的完成风险，指的是大型体育场馆的项目建设能够达到预期目标的管理风险。

2. 内部风险

(1) 产品风险。

产品风险主要包括产品设计风险、产品功能质量风险、产品入市时机选择风险与产品市场定位风险等。

第一，产品设计风险即产品的设计与市场的契合程度而引发的风险，体育场馆所及的产品过时或超时，都无法满足市场的需求，这就会引发风险，产品的设计与市场的契合程度越高，产品设计风险就越小，反之则越大。

第二，产品功能质量风险指的是体育场馆的产品因为功能质量问题而引起的风险，即产品的功能质量不能完全满足用户的需求。

第三，产品入市时机选择风险指的是由于体育场馆的产品进入市场的时间不合适而产生的风险。

第四，产品市场定位风险指的是由于体育场馆的产品特色与市场和消费者的需求不尽相同所引发的风险。

(2) 营销风险。

体育场馆在营销的过程中，因为所处的宏观环境与微观环境等的多变性、复杂性以及体育场馆对环境的认识相对有限，造成企业的营销战略、策略等并不能适应市场的发展变化，进而导致企业的营销难以达到预期的效果，这就是体育场馆的营销风险。

(3) 财务风险。

体育场馆因为财务结构不合理、融资等原因失去了偿还债款的能力，由此导致了投资者收益下降，这样的风险就是财务风险。财务风险是体育场馆经营中客观存在的风险，是相关管理者必须要面对的问题，需要注意的是，财务风险是无法完全消除的，只能通过采取有效的措施来控制财务风险。

(4) 人事风险。

因为经营管理或制度缺陷问题，使员工对企业利益产生损害的可能性就是人事风险。人事风险包括内在的风险和外在的风险，内在的人事风险表现为员工不认可体育场馆的文化、理念或管理风格，团结在一起使用集体的力量来争取权力；外在的人事风险表现为其他体育场馆出高薪诱使员工离开原本所在的体育场馆，或者诱使员工盗取商业机密。

(二)按照风险的结果分类

按照风险的结果不同,可以将风险分为纯粹风险和投机风险。

1. 纯粹风险

只损失机会而无获利可能的风险就是纯粹风险,纯粹风险会造成的结果有两个:一是没有造成损失;二是造成了损失,在体育场馆的经营中常见的纯粹风险有自然灾害等,如暴雨、大风等恶劣天气。

2. 投机风险

投机风险与纯粹风险是相对应的,指的是和机会共同存在的风险,股票就是典型的投机风险,股票可能会给投资者带来巨大的收益,但也可能会给投资者带来巨大的损失。

(三)按照风险的承受能力分类

按照体育场馆对风险的承受能力的不同,可以将风险分为可以接受的风险与无法接受的风险。

体育场馆对自身的财务状况、承受能力等情况进行研究,判断自身所能够承受的最大的损失,如果风险低于体育场馆所能承受的最大损失,那么就可以被称为可以接受的风险;无法接受的风险与可以接受的风险是相对的,如果风险高于体育场馆所能承受的最大损失,那么就被称为无法接受的风险。

(四)按照风险产生的原因分类

按照风险产生的原因,可以将风险分为自然因素的风险、过失性公共责任的风险、非过失性公共责任的风险。

1. 自然因素的风险

自然因素可能会造成各种损失,暴雨、狂风、雷电等自然灾害可能会对体育场馆的经营造成各种损失,如破坏体育场地、设施、器材等,导致体育场馆活动中断、延误或者取消。

2. 过失性公共责任的风险

过失性公共责任的风险是由人为因素造成体育场馆损失的风险,主要指的是因为体育场馆相关人员管理不当等造成人员受伤、死亡等事故的责任赔偿,如体育场馆活动策划不合理、器材维护不当等。针对这种风险,体育场馆可以对员工进行严格的培训,制定有效的监督措施。

3. 非过失性公共责任的风险

非过失性公共责任的风险是由于人为因素造成的风险,如体育产品不合格导致赔偿、体育合同责任的赔偿、体育运动的过程中暴力侵害他人导致的赔偿等。

四、体育场馆风险管理的作业程序

体育场馆风险管理的作业程序是一个先行作业的程序,主要包括三个步骤,即风险管理计划的制订、风险管理计划的实施以及风险管理计划的管理。

(一)风险管理计划的制订

制订风险管理计划是风险管理作业程序的第一步,也是最重要的一步。要制订风险管理计划,首先要做的事情就是分析并确定风险,具体来说就是要对经营政策、运营程序和以往的事故调查报告进行研究与分析,邀请顾客、员工、专家、学者等进行交流,以此确定体育场馆所面临的各种风险。在进行风险确认之后,要对风险进行区分,最后对风险进行处理。风险确认是风险管理计划的第一步,本部分将重点阐述风险确认与风险区分,风险处理与下文体育场馆管理方法中风险的应对基本一致,在此不再赘述。

1. 风险确认

风险确认就是体育场馆管理者要找出经营管理过程中的各种风险或损失,方法是找出主要因素和次要因素。

(1)主要因素。

主要因素就是与工作人员相关的因素,是员工本身所带来的风险,如售票员私自帮助朋友逃票,教练员无法提供正常的指导,财务人员私自占用体育场馆资金等。

(2)次要因素。

次要因素指的是客观因素,包括天气状况、体育设施的位置、活动的类型等。如体育场馆要举办运动会,就要考虑运动会要在何时开展、当天的天气情况如何、设施是否满足运动会需求等。

2. 风险区分

在确认了风险之后,就要对其进行区分,风险区分时要注意的问题有两个:第一,要确定风险引起事故的严重程度,判断事故所造成的影响的大小,可以将风险区分为"低度损失""中度损失""高度损失";第二,对发生事故的可能性、频率等进行分析,可以将风险区分为"经常发生""偶尔发生""很少发生"。

(二)风险管理计划的实施

风险管理计划的实施就是风险管理者和员工交流风险管理计划的过程。体育场馆的经营与每个工作人员都是息息相关的,所有的工作人员都应该承担体育场馆经营的后果与责任,同样,任何风险管理计划的顺利实施都离不开体育场馆全体人员的努力。要保障体育场馆风险管理计划的顺利实施,体育场馆管理者要向员工分发关于场地平面图、设施操作方法、人事组织管理结构、规章制度、员工作职责等的文件资料,并要对员工进行培训,以不断提升其风险意识,熟悉与风险管理计划相关的操作程序和方法等,使每一名工作人员都能在风险管理计划实施中贡献自己的力量。

(三)风险管理计划的管理

要做好体育场馆管理计划的管理工作,首先要组建风险管理委员会或指导小组,这个风险管理委员会或指导小组包括领导选派或指定的有关人员、员工代表等,委员会的主要工作就是听取各方的意见,监督场地、器材、设备等的维修,做好事故调查和员工培训考核等工作。

体育场馆进行风险管理计划的管理工作时,主要责任人要对管理计划进行全程监控,要做好以下工作:第一,要引导员工保持对安全的正确态度;第二,要对相关设施和作业情况进行严格的检查,在必要时对员工进行在职培训。

体育场馆的设施管理者要具有风险管理的观念,重视风险管理,并给予风险管理风险管理委员会或指导小组一定的财务支持,赋予风险管理委员会或指导小组一定的权力,帮助其获得自由运作的空间。

第二节 体育场馆风险管理方法

体育场馆风险管理具有正规的程序过程,基本的方式是对体育场馆运

第五章　体育场馆的风险管理

营中的风险进行识别,并依据识别的情况进行应对,同时,风险预警也是体育场馆管理的重要内容。综上,体育场馆风险管理的方法主要包括体育场馆的风险识别、风险应对、风险预警,下面对这三点进行阐述。

一、体育场馆的风险识别

对存在的风险进行识别是体育场馆风险管理至关重要的环节,进行风险识别常用的方法有定性分析法和定量分析法。

(一)定性分析法

定性分析法就是依据风险发生对项目结果影响的大小程度来判断风险的相对重要性,常用的定性分析法包括清单法、风险地图法、头脑风暴法、风险矩阵图法等。

1. 清单法

清单法可以分为核对清单法和提示清单法两种。
(1)核对清单法。
体育场馆以之前所遇到的风险为依据进行推导的演绎技术就是核对清单法,核对清单法是一种快速识别风险的便利方法,体育场馆相关人员可以自行设计核对清单,也可以使用其他行业或部门使用的核对清单。
(2)提示清单法。
提示清单法即依据一定的标准为风险分组,可以依据风险的种类对风险分组,也可以按照与风险相关的任务对风险进行分类。

2. 风险地图法

风险地图法是一种用图形技术表示识别出的风险信息,直观地展现风险的发展趋势的风险管理工具,X轴表示风险发生的严重程度,Y轴表示风险发生的概率。

3. 头脑风暴法

头脑风暴法即多人对问题进行无限制讨论,从而尽量找到更多的指向问题的答案。头脑风暴法的理想人数是12人,理想时长是15~45min,使用头脑风暴法要求参与者能够清晰阐述问题,要能围绕问题展开,形成散性思维。

4.风险矩阵图法

风险矩阵图法指的是在矩阵图中描述风险发生的概率和影响,以此来区分各种风险。如表5-1就是风险矩阵图法的示例。

表5-1 某游泳馆风险分类矩阵

发生概率	损失程度		
	低度损失	中度损失	高度损失
经常发生	游泳者没有买票而悄悄进入游泳池中	游泳者在场馆中滑倒	—
偶尔发生	游泳者在游泳池中出现磕碰	游泳馆更衣室被盗	游泳者在游泳池中受伤
很少发生	—	游泳者之间发生冲突	游泳者溺亡

(二)定量分析法

定量分析法是对项目结果的绝对值范围、概率分布情况进行分析和确定的方法,通过定量分析法,体育场馆的管理者可以准确地判断出体育场馆运营过程中各类风险出现的概率,还可以预测出可能损失的程度。定量分析法包括决策树法、蒙特卡洛模拟法、敏感分析法等。

决策树的目的就是对每一个方案确定期望值,决策树从决策点出发,之后依据决策制定的过程从上到下有序地汇出机会时间和决策;蒙特卡洛模拟法就是使用随机的数字来模拟不同情形的结果,这种方法能够用来测定系统对不同输入的反应;敏感性分析法主要是测量某个风险变量发生改变后对整个项目的影响。

二、体育场馆的风险应对

在进行风险识别之后,体育场馆才能够进行风险应对,风险应对的方法主要有风险规避、风险缓解、风险转移和风险自留。在遇到不同的风险时,体育场馆会依据实际情况选择不同的处理方式,具体如表5-2所示。

表 5-2　体育场馆的风险处理矩阵

发生概率	损失程度		
	低度损失	中度损失	高度损失
经常发生	转移或复原并减小	转移并减小	回避
偶尔发生	保留并减小	转移并减小	回避、转移并减小
很少发生	保留并减小	转移或保留并减小	转移并减小

(一)风险规避

使用改变计划的方式来消除风险,或者选出能够产生风险的条件,从而使保护经营目标不受风险的影响,这就是风险规避。在体育场馆项目的早期,如果出现了某些风险征兆,可以借助收集信息、明确需求等方式来规避风险,同时,对于风险较高的项目,可以使用缩小项目范围、增加项目的资金与资源等方式来规避风险。通常,体育场馆规避风险的方式有两种,一种是减少风险事件发生的概率,另一种是规避风险发生后可能出现的损失。现实中就有许多成功规避风险的案例,如在"911"事件发生之后,许多国际重要赛事取消或暂停举办;在发生"非典"时,女子足球世界杯赛改变了举办比赛的地点。

(二)风险缓解

使用事先控制、借助应急方案等方式使风险不再发生,或者在风险发生之后尽力挽回损失的做法就是风险缓解,这是一种比较积极的风险应对手段。风险缓解的方案主要有预控方案、应急方案和挽救方案三种。

预控方案指的是在进行风险识别之后,对每一种风险产生的原因、条件、环境、控制要领等都进行明确且详细的说明;制定应急方案就是为了使项目风险的损失降到最低,建立体育场馆突发应急预案,能够及时、有效且准确地处理体育场馆经营过程中可能会出现的突发性事件,从而有效减少体育场馆的损失;挽救方案能够在风险发生之后,修复体育场馆的损失。

(三)风险转移

风险转移就是将风险的结果、应对风险的权利与责任等转移给对方,风险转移的方法有保险、担保、合同转移等。

1. 保险

保险是使用最广泛,同时也是最有效的风险管理手段,保险能够分散风险、补偿损失,因为体育场馆具有高事故、高风险等特点,因此需要使用保险来分散风险,对于体育场馆经营场所和体育消费者来说,购买人身意外伤害险与公众责任险能够为他们提供最基本的保障。

2. 担保

为别人的债务、违约或者损失负担间接责任的承诺就是担保,工程担保的类型主要包括履约保证、银行信用保证、财产保证、现金保证等。体育场馆的管理人员可以使用签订免责协议的方式来转移风险。赛事的组织者可以和参与者签订免责协议,帮助参与者了解这一运动可能发生的风险、风险发生的频率等,并在此基础上使受害者放弃追究责任。

3. 合同转移

合同转移指的是体育场馆和设计方、承包商等签订合同,以明确双方的责任,以此来转移风险的方法。如体育场馆会和教练、裁判、医务人员等签订合同,合同规定这些人员要对自己的过失造成的损失负责;体育场馆会和设备租用者签订合同,规定在设备使用期间,如果发生任何损害,租用者要对此进行赔偿。

(四) 风险自留

在体育场馆管理中,对于那些不严重的风险、不适合使用其他措施应对的风险以及采用应对措施后残留的风险,管理者使用自留的方式来处置,这就是风险自留。体育场馆管理者如使用风险自留的方式,意味着其会在不改变组织计划的前提下应对风险。

总体来说,风险处理最主要的方式就是风险自留与风险转移,当损失严重程度较低,而损失的频率比较高时,可以选择风险自留的方式;当损失的严重程度较高,而损失的频率比较低时,可以选择风险转移的方式;当损失的严重程度较高,同时损失频率也比较高时,可以将风险自留、风险转移和风险控制等方式组合起来使用。

三、体育场馆的风险预警

提前对不利的事情做出反应,这就是预警,由于体育场馆管理水平的不断提升,许多体育场馆开始在实践中应用体育场馆的风险预警管理。

(一)体育场馆风险预警和预警管理

风险预警就是对体育场馆的经营活动可能会发生的风险进行分析、推测、评价等,并给出风险警报,以警示体育场馆的管理者注意风险。风险预警管理包括信息系统、预警推断系统、风险识别系统等,基本结构如图5-2所示。

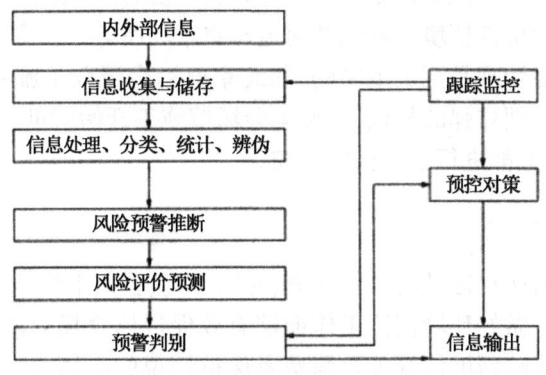

图5-2 风险预警管理结构

(二)体育场馆风险预警管理的主体与客体

进行体育场馆风险预警能够使体育场馆的经营者以最小的成本来控制、预防各种诱发突发事件的因素,减少各种突发事件带来的损失,以促进体育场馆各项活动顺利展开。体育场馆风险预警的主体就是体育场馆运营活动的组织者,即处理突发事件的安保部门;体育场馆风险预警管理的客体就是在体育场馆管理的过程中出现的各种突发事件。

(三)体育场馆风险预警监测

体育场馆的风险预警监测即将重要的致灾因素作为重点监测对象,体育场馆预警监测的主要内容有参与人员监测、体育场馆监测和环境监测。

1. 参与人员监测

体育场馆属于公共场所,人群比较密集,在举行大型的文体活动时,场馆中的人就更多了。一般的体育比赛,体育场馆的人群规模为2万~3万,大型的国际性的体育比赛,体育场馆的人群规模为5万~6万,这些人们既

理论与实践:体育场馆的运营管理

有参赛者,也有教练员、观众、记者以及部分啦啦队员,具有参与人数众多、参与人员多元化的特点,一旦这些参与体育活动的人员发生突发问题,处理起来就比较艰难,因此,对参与人员进行监测是体育场馆风险预警监测的首要任务。

2. 体育场馆监测

体育场馆监测指的是对体育场馆的硬件设施的监测,监测的对象即体育场馆的本体设备与配套设备等,监测的内容包括体育场馆的建设安全,赛事过程中的突发事件情境下的疏散通道与避难场所等。体育场馆的监测对体育场馆的经营管理是至关重要的,如北京奥运会吸取了雅典奥运会恐怖分子在水泥中预埋炸弹的教训,在奥运会场馆施工开始就进行场馆监测,针对每个人、每车土都进行了严格的监控。

3. 环境监测

对体育场馆所在区域的自然环境、交通环境、公共卫生情况等进行监测就是环境监测。做好环境监测工作能够有效促进体育场馆的经营发展,优美的自然环境能够帮助体育场馆消费者保持愉悦的心情,良好的交通环境是体育场馆活动得以顺利进行的保障,良好的公共卫生环境有利于体育场馆形象的树立。

(四)体育场馆风险预警实施过程

体育场馆风险预警实施的过程主要包括组织准备、日常监测和危机管理三部分。

1. 组织准备

为了保障体育场馆风险预警管理活动的顺利开展而进行的准备活动就是组织准备,组织准备主要包括制定应对突发事件的对策,制定与应对突发事件相关的制度、标准和规章等。组织准备工作是体育场馆风险预警顺利开展的基础,北京在申奥成功之后,就开始进行奥运会安保工作的筹备,政府和奥运安保部门建立三个层级的指挥机制,同时规定了每个层级的任务,以保障体育场馆风险预警的有效实施。

2. 日常监测

对预警分析活动所确定的突发事件的诱因进行专门监控的管理活动就是日常监测,日常监测主要有日常对策和危机模拟两个任务。日常对策就是预防、纠正体育场馆的历史突发同质事件,从而保障体育场馆的正常运营;危机模拟就是对可能或出现的突发事件进行假设、模拟,并提出一定的对策。

3. 危机管理

在突发事件发生之后,采取能够应对紧急情况的应急管理方式就是危机管理。体育场馆人员密集且人群规模大,如果发生了突发事件,很容易就会演变成为重大公共突发事件,为了尽可能减少损失,危机管理工作尤其重要。

一般来说,在体育场馆进入紧急状态之后,为了防止事态持续发酵,安保指挥中心会启动预警管理中的危机应对机制,会进行启动危机计划,进行危机领导,做出紧急应对,直到危机完全解除;在危机解除之后,体育场馆会依据本次危机处理的实际情况对危机管理系统进行调整,完成调整之后再开展日常的预警活动,并及时对预警活动进行改进,以提升预警系统对类似危机的免疫能力。

第三节 体育场馆公共安全管理

体育场馆公共安全管理是一种将体育场馆作为客体,将安全管理作为最终目的的特殊的管理形式,是体育场馆风险管理的重要内容,了解体育场馆安全管理的相关概念、基本内容和措施,能够帮助体育场馆更好地制定出安全管理方案,做好风险管理工作,从而保障体育场馆的正常运营。

一、体育场馆公共安全管理概述

(一)体育场馆公共安全管理概念界定

安全管理是管理的一种特殊的类型,进行安全管理的目的是保证管理的对象处于最安全的状态,安全管理不仅有管理学的普遍性特征,还有管理学的特殊性特征。安全管理的特征有两点:第一,安全管理的对象是一切人、物和环境的状态;第二,安全管理是一种动态管理,是对管理对象的状态的管理和控制。

体育场馆是用来开展体育活动的场所,可以用来开展社会体育活动,以

理论与实践:体育场馆的运营管理

满足广大群众的参与或观赏体育锻炼的需求;也可以用来开展运动比赛,以满足运动员训练、竞赛的需求。根据安全管理和体育场馆的概念,可以对体育场馆的公共安全管理做出如下定义:在体育场馆运营管理的过程中,体育场馆的组织与管理人员为防止伤亡事故、保障人员安全、维护体育场馆设施与赛事的正常运行而采取的安全管理措施就是体育场馆公共安全管理。

体育场馆公共安全管理主要包括两个层面的意义:一是体育场馆的安全管理,侧重点是基础设施的安全防范体系的建设;二是体育场馆的防卫管理,侧重点是在体育场馆举办比赛的过程中的危机防范和处理。

(二)影响体育场馆公共安全的因素

1. 影响体育场馆公共安全的因素的类型

影响体育场馆公共安全管理的因素种类较多,可以归纳为三类,即突发事件、自然灾害与不可抗力、设施与设备故障。

(1)突发事件。

突发事件对体育场馆的公共安全管理工作的影响是最大的,在体育场馆经营的过程中,可能会出现的突发事件有以下几种:①恐怖袭击,包括投毒、爆炸、纵火等;②因为饮食、生活习惯等引发的突发事件;③政治性群体事件,包括示威游行、集会等;④因为赛事人文观念差异、民族情绪、群体情绪等引发的突发事件,如球迷情绪激动攻击裁判等。

(2)自然灾害与不可抗力。

台风、极端天气、地震等自然灾害会影响体育场馆的安全,流行病、传染病等不可抗力同样也会对体育场馆的安全管理产生影响。

(3)设施与设备故障。

设施与设备发生故障会影响体育场馆的公共安全,通信系统、消防系统、停车系统、比赛设备等都是维持体育场馆正常运营的重要设施与设备,这些设施一旦出现故障,必然对体育场馆的安全管理产生不利的影响。

2. 影响体育场馆公共安全的因素的特征

影响体育场馆公共安全的因素主要具有突发性、紧迫性和公共危害性特征。

(1)突发性。

通常能够影响体育场馆安全的事情会突然爆发,具有突发性的特征,因此事件的规模、方式、影响范围等也就难以预料,就会产生较为严重的后果。

(2)紧迫性。

影响体育场馆公共安全的因素具有紧迫性的特征,一旦体育场馆发生影响体育场馆安全的事件,通常会在短时间内向周围蔓延,体育场馆相关人员处理与反应的时间就比较紧迫。

(3)公共危害性。

影响体育场馆安全的因素会对体育场馆的稳定状态产生威胁,可能会影响政治秩序、社会秩序与经济秩序;可能会使运动员、观众、工作人员等受到伤害;还可能会使体育场馆中的建筑、设施等遭到损害。

二、体育场馆公共安全管理的基本内容

(一)体育场馆基础设施的安全防范体系建设

体育场馆基础设施的安全防范体系建设主要是指体育场馆的硬件系统建设,下面对体育场馆安全防护的基本内容与安全防护系统的基本要素进行分析。

1. 体育场馆安全防护的基本内容

体育场馆公共安全管理的基本内容包括选址、建筑物设计、运动场地、卫生要求等。

(1)体育场馆选址。

体育场馆的选址要注意以下几点:第一,体育场馆要和污染源、高压线、化学品、易燃易爆品等保持较远的距离;第二,体育场馆选址的交通要便利,保证体育场馆至少有一面或两面挨着城市道路,且道路要有足够的宽度;体育场馆位置不能离市中心太远,要在城市的辐射范围内。

(2)建筑物设计。

建筑物设计要考虑运动的特点,考虑体育场馆装修材料安全的安全性,重视建筑物防雷、防电。

(3)运动场地。

体育场馆中的运动场地要符合体育建筑设计规范与相关要求,使用的材料应该是安全的,设施与设备也符合国家相关标准。

(4)卫生要求。

体育场馆的卫生要符合国家颁布的卫生场所标准,游泳池要符合 GB 9667—1996 游泳场所卫生标准。

2.体育场馆公共安全防护系统的基本构成

体育场馆的公共安全防护系统能够保障体育场馆的信息、财产与人员的安全,主要由监控中心、应急预案、疏散指示标识与体育场馆突发公共事件应急平台构成。

(1)监控中心。

监控中心即集中监控体育场馆各监控点,同时对安全信息进行有效的控制与管理,配合相关部门实施应急指挥的场所。

(2)应急预案。

以体育场馆的安全风险为依据,将降低事故损害,保障应急与救援活动迅速、有序且正确展开作为目的,由此制订的计划或方案就是应急预案。

(3)疏散指示标识。

疏散指示标识即指示疏散方向、位置,引导人员疏散的标识物,包括疏散通道方向指示标志与疏散出口标志两种。

(4)体育场馆突发公共事件应急平台。

突发公共事件应急平台的基本功能有获取日常和应急情况下的相关安全信息、进行应急指挥等。

(二)体育场馆公共安全管理系统的基本构成

体育场馆公共安全管理系统主要包括消防安全系统、安全防范系统、疏散引导及标志子系统、安全管理应急指挥中心、体育场馆中与安全防护相关的其他子系统,具体如图5-3所示。

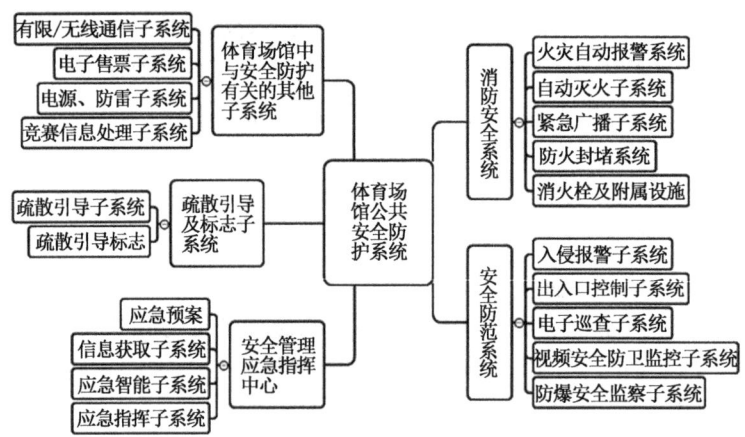

图5-3 体育场馆公共安全管理系统的基本构成

三、体育场馆安全防卫管理的主要措施

体育场馆的安全防卫管理的主要措施有三点：建立危机处置组织和机构、建立危机处置机制和预案准备、做好危机应对的硬件与人力资源准备。

（一）建立危机处置组织和机构

建立危机除处置组织与机构是体育场馆安全防卫管理的重要措施，危机处理组织与机构通常是在赛事准备期间设立的，包括指挥协调机构、现场应对组织、媒体协调机构等（见图5-4），下面分别对这三个机构进行介绍。

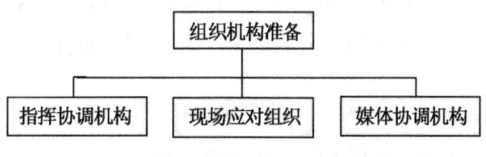

图 5-4　危机处置组织和机构准备结构图①

1. 指挥协调机构

危机应对机构的核心就是指挥协调机构，指挥协调机构具有突出的综合协调能力，主要功能是进行信息交换与处理、做好整个危机应对机构体系的指挥工作、进行过程控制等。

在常态管理下，指挥协调机构的工作过程如下所述：指挥中心借助信息交换系统来建立信息来源渠道，接收每个通信终端反馈的信息，并进行信息汇总，之后依据各种信息制定战术决策，并依据实际情况调度消防车、救护车等到达现场。当危机事件发生后，指挥协调机构就会进行非常态管理，指挥中心会协调交通、消防、急救等现场应对处理组织的工作，协调开展各种危机应对处理工作，同时会监控事态的实时情况，并及时调整应对策略。

2. 现场应对组织

现场应对组织主要有五类：第一，现场便衣安保人员组织，他们的主要职责是快速处理体育场馆中的小型突发事件，防止突发事件转变为更大的危机；第二，消防、医疗小组，这是由专业人员组成的快速反应小组，小组成员专业知识突出，小组装备专业，能够处理体育场馆或比赛中发生火灾、人

---

① 谭华.大型国际赛事危机预防与对策初探[D].上海：上海交通大学,2008.

员受伤或突发疾病等问题;第三,志愿者和工作人员,他们活跃在体育场馆的各个位置,一旦发生危机,他们可能会最先发现,并能够在危机初期阶段处理危机;第四,反恐特种部队,这是安全防卫的重要组织,主要功能是执行安保反恐防爆任务;第五,现场周边应急待命力量,对于一些大型赛事或活动,常会在体育场馆周边部署防暴警察、部队等作为应急待命力量,奥运会、世界杯等赛事还可能会在场馆附近部署空军战机和防空部队等。

3. 媒体协调机构

媒体协调机构是安全防卫管理中重要的组成部分,主要的作用是预防和化解危机。在赛事或活动举行之前,就要建立媒体协调机构,其主要工作是发布赛事新闻、协调媒体关系。当发生危机时,媒体协调机构主要有两个作用:第一,能够确保信息发布的主动权;第二,能够保障公众的知情权,避免引发恐慌。

(二)建立危机处置机制和预案准备

危机处理机制预案准备主要包括指挥协调机制、预警评估机制与预案准备机制。

1. 指挥协调机制

指挥协调机制主要包括指挥决策机制、指令传递机制、信息综合分析机制、紧急情况信息报告机制等,这些机制相互配合、协调统一,最终形成协调完备,具备多元化、立体化特点的系统,以实现危机管理。

2. 预警评估机制

建立危机预警评估机制能够尽早发现危机,收集各种危机信息,并在将这些信息进行分析后变为指标体系,判断危机的范围与等级,并及时进行危机应对。要建立危机预警评估机制,需要注意以下几点:第一,要全面收集并整理各种信息;第二,要分析评估程序与标准,要对预警的程序、标准等进行确定,以保障报警的准确性;第三,要综合分析危机可能出现的层面、角度与可能性,并做出评估;第四,要依据实际情况不断对预警等级进行调整。

3. 预案准备机制

危机预案的准备机制需要注意以下四点内容:首先,要注意情景,注意和预案的编制、实施等相关的情景;其次,要注意应急预案的主体,包括应急预案的决策者、组织者、执行者;再次,要注意应急预案的具体措施,包括应急措施、管理方法、控制技术、控制手段等;最后,要注意应急预案的目标与效果。

(三)做好危机应对的硬件准备与人力资源准备

1. 危机应对的硬件准备

硬件设备是进行危机应对的物质保障,危机应对的硬件准备主要包括场馆应急设施建设、危机应对器材设备及应急物资保障准备。第一,场馆应急设施建设主要指的是场馆与配套设施的安全防范设计,具体来说就是要做好应对各种危机事件的安保技术与管理手段的有效投入,并要做好备灾能力建设工作;第二,体育场馆要有针对性地配备防核、防化、防生物等的设备,如消火栓、灭火器、防毒面具、防辐射护具等,并且要定期养护、更换这些器材设备;第三,为了应对危机,体育场馆要预先准备好急救药品、食品等物资,一旦发生危机事件,指挥中心要立刻整合社会资源,统一安排、调度可用物资,以为危机管理提供必要的基础支持。

2. 危机应对的人力资源准备

人在体育场馆危机事件处理中发挥着主要的作用,要应对危机事件,体育场馆必须要做好人力资源准备,具体来说要做到以下几点:第一,要对各类岗位人员进行培训,确保其具有应对危机事件的能力;第二,要成立全面的专家智囊团,智囊团要涵盖多个领域的专家,保证一旦发生紧急事件,专家智囊团能够迅速制定出科学的应对方案;第三,要对大众进行风险防范与应急教育,做好应急自救知识教育,培养大众的公共危机意识与心理调控能力,避免发生危机后公众出现恐慌,导致局面失控。

第四节 体育场馆紧急事件管理

体育场馆的紧急事件具有突发性特点,如果处理不及时,很容易发展成为较大的事件,为体育场馆的正常经营带来不利的影响,因此,做好体育场馆紧急事件管理至关重要。

一、紧急事件管理的概念

(一)紧急事件管理的定义与内容

紧急事件管理即准备、降低、处理与补救紧急事件的作业过程,它是一个动态的过程,属于管理工作的一部分,主要的管理要素有训练、装备测试和其他单位协调等,第一要件是计划。

紧急事件处理计划是体育场馆紧急事件管理的重要内容,主要包括目标设定和达成目标的作业计划。紧急事件处理计划是一个持续不断的过程,是组织风险管理计划的一部分。进行紧急事件处理的过程主要是寻找最佳解决方案,紧急事件的类型会影响紧急事件管理的效果,因此在制订紧急事件处理计划时,设定的紧急事件的范围既不能太宽,也不能太窄,常见的紧急事件的类型有火灾、自然灾害、技术灾害、医疗紧急事件、恐怖行动和其他紧急情况等。

(二)紧急事件管理的类型

紧急事件管理的类型可能是区域型的、可能是重大紧急事件,也可能是大型灾难性紧急事件。

1. 地区紧急事件

在单一体育场馆中发生的紧急事件就是地区紧急事件,地区紧急事件所需要的人力较少,需要一位管理者统筹管理工作。此外,要进行地区紧急事件管理,还需要动员当地的紧急医疗服务单位,如"110"系统。

2. 重大紧急事件

重大紧急事件指的是需要体育场馆组织或赛事筹办单位之外的单位支持的紧急事件。一般来说,重大紧急事件是与技术或自然灾害有关的,如发生火灾、看台倒塌等。要处理重大紧急事件,管理者要认真考虑参赛人数、赛事地点等的实际情况,做出详尽的重大紧急事件管理计划。

3. 大型灾难性紧急事件

大型灾难性紧急事件指的是可能会影响整个地区的紧急事件,如地震、龙卷风、恐怖袭击等,一旦遇到大型灾难性紧急事件,地区的紧急事件医疗

第五章 体育场馆的风险管理

服务系统可能会瘫痪,这就需要当地政府、省政府、国家等共同参与紧急事件的处理。

二、紧急事件管理的原则

(一)要对紧急事件保持警惕

紧急事件的发生具有突然性,往往在人们毫无防备时发生。因此,体育场馆的相关人员要对紧急事件保持警惕,负责体育场馆紧急事件管理的所有人员都应该培养事先做好准备的态度与习惯,学习基本的紧急事件预防知识,具备辨认、识别紧急事件的能力,并能够在发现紧急事件的第一时间采取正确的措施,使紧急事件在初始阶段就能够得到有效的控制,从而有效避免紧急事件的持续发酵。

(二)要将紧急事件规划管理作为组织任务的一部分

体育场馆要把紧急事件规划管理作为组织任务的重要环节,可以将紧急事件规划管理写在正式的书面任务表中,使体育场馆中的所有员工与体育场馆的合作伙伴(赞助商、社会大众、媒体等)都了解到紧急事件管理计划的重要性,同时也能明确管理计划的基本内容。这样不仅有利于紧急事件管理工作的开展,而且能够提升体育场馆的形象与诚信度。

(三)要制定并执行紧急事件应急预案

为了应对可能出现的紧急事件,体育场馆的相关人员必须制定完善、科学的紧急事件应急预案,预案的内容要包括制定的依据、适用的范围、组织体系、预警机制、具体流程、后期处理工作等内容。

在紧急事件应急预案制定完成后,要切实执行应急预案,要将应急预案告知所有工作人员,使每个工作人员明确自己的职责,要对工作人员进行严格的培训,也要进行相关的演练,从而确保工作人员能够准确完成自己的任务。另外,体育场馆要将制定好的应急预案送交共同协调此计划的外部相关机构。

第六章　体育场馆的运营战略

体育场馆的运营活动必然需要运营战略,良好的运营战略能够有效促进运营活动的展开,对体育场馆的运营而言,运营战略的地位至关重要。本章首先对体育场馆的运营战略进行了概述,其次分析了体育场馆运营战略的环境,最后对体育场馆运营的科学化战略决策进行了讨论。

第一节　体育场馆运营战略概述

本节是体育场馆运营战略概述部分,主要对体育场馆的运营战略进行基本阐述,帮助人们基本了解体育场馆运营战略。

一、体育场馆运营与运营战略的概念

体育场馆的运营离不开具体的运营战略,体育场馆的运营与运营战略是不可分割的,下面对体育场馆运营和运营战略的概念进行阐述。

(一)体育场馆运营的概念

运营,也叫运营管理,指的是向市场提供产品和服务的各项管理工作。体育场馆的运营就是体育场馆利用自身的资源向市场提供产品与服务。体育场馆运营的内容主要包括三个方面:一是产品或服务的有效生产;二是消费效用的满足;三是资源的有效配置。

1.产品或服务的有效生产

产品或服务的有效生产包括场地运营管理、设施设备运营管理、活动运营管理、环境管理、群众管理、质量管理、风险管理等内容。

(1)场地运营管理。

场地运营管理指的是以不同项目对场地要求为依据,对体育场馆进行

布置、维护、保养、扩建等,以保障场地的供应。

(2)设施设备运营管理。

设施设备运营管理指的是对使用的设备、设施从购买到报废的全过程的管理,体育场馆的设备是体育场馆提供服务的要素之一,必须对其进行管理。

(3)活动运营管理。

体育场馆业务中,多数是以活动的形式进行的,而这些活动的正常进行都需要进行完善的管理过程,对这个过程的管理就是活动运营管理。

(4)环境管理。

环境管理即对体育场馆的环境进行管理,内容包括环境绿化、环境规划等,目的是为公众提供优美、舒适、愉悦的环境。

(5)群众管理。

体育场馆人群密集,人员的管理尤其重要,体育场馆的群众管理包括治安管理、人群疏散、交通管理等。

(6)质量管理。

体育场馆的质量管理包括产品质量管理、服务质量管理两部分。产品质量管理主要是对体育场馆场地、设施等的管理;服务质量的管理主要是对体育场馆服务流程、方式等的管理。

(7)风险管理。

体育场馆的运营并不是一帆风顺的,可能会因为天气、市场等因素的影响而无法达到预期的效果,也可能会失败,这就是体育场馆运营的风险,体育场馆运营的风险管理有风险分类、风险分析、风险评估与风险控制。

2. 消费效用的满足

消费效用的满足包括营销管理、服务管理和权益保障。其中,营销管理指的是体育场馆将顾客价值作为前提,面向社会和顾客设计、生产、销售相关产品与服务的过程;服务管理指的是对不同业务的服务特性、服务流程、服务手段、服务效果等的管理,体育场馆的许多业务都离不开服务,因此服务管理尤为重要;权益保障不仅包括对体育场馆的权益保障,更包括对消费者的权益保障。

3. 资源的有效配置

资源的有效配置包括供应商管理、资产管理、人力资源管理和财务核算。以供应商管理为例,在体育场馆运营过程中,必然需要采办物资或对相关事务进行外包,体育场馆管理人员要经常对采办物资和外包事务所涉及的供应商、服务商等进行评估，并不断使其改善不足之处，这样就能够使体育场馆的各项业务顺利开展；对体育场馆而言，资产管理尤其重要，体育场馆的资产管理包括估算运营成本、制定预算、计划好资产设备的更新与维修等。

(二) 体育场馆运营战略的概念与特点

在激烈的市场竞争下，体育场馆管理者为了实现体育场馆的长期生存与发展，在对体育场馆的内外环境变化进行充分调查的基础上，制定的总体性的发展谋划就是体育场馆的运营战略。体育场馆运营战略是体育场馆科学运营规划的基础，体育场馆运营战略的要素有企业使命、外部环境、企业文化等。

体育场馆运营战略的特点有全局性、系统性、竞争性、特殊性、目的性、风险性、相对稳定性和变动性。

1. 全局性

体育场馆运营战略是体育场馆活动的指导，是由体育场馆管理层制定的，运营战略不是具体的管理决策，而是体育场馆发展的总体方向，具有全局性的特点，对体育场馆中的所有工作都有指导价值。

2. 系统性

体育场馆运营战略的系统性主要体现在两个方面：一方面，体育场馆的运营战略可以看作一个系统，这个系统包括战略思想、战略目标、总战略、分战略等；另一方面，体育场馆运营战略又作为子系统被包含在体育场馆行业系统、国民经济系统以及国际经济发展系统中。

3. 竞争性

制定体育场馆运营战略的目的就是使体育场馆在市场竞争中占据有利地位，如果离开了竞争，体育场馆运营战略也就没有存在的必要了，因此，竞争性是体育场馆运营战略与生俱来的特征。

4. 特殊性

体育场馆运营战略的制定是以体育场馆的实际情况、内外部环境的情况等为依据制定的，不与其他体育场馆相适应，并且一个体育场馆的运营战略并不是一成不变的，会依据实际情况的变化而变化，因此，体育场馆的经营战略具有特殊性特征。

5. 目的性

体育场馆制定运营战略的目的鲜明,具有目的性特征,制定运营战略就是使体育场馆能够与未来社会的发展相适应,以实现体育场馆的长远发展,目的性同样是体育场馆运营战略与生俱来的特征。

6. 风险性

体育场馆的经营是有风险的,决策是体育场馆运营战略的关键,但是影响体育场馆运营的外部环境是在不断变化中的,因此体育场馆管理者要做出正确的决策也是比较困难的,这体现了体育场馆运营战略的风险性特征。

7. 相对稳定性和变动性

制定体育场馆运营战略时需要对体育场馆运营环境的发展趋势进行科学的分析与预测,在体育场馆运营战略制定后,不能随便更改,要保障其稳定性。但是这并不意味着体育场馆的运营战略是一成不变的,当体育场馆运营的主观条件或外部条件发生变化后,要依据实际的变化来调整、完善运营战略。

二、体育场馆运营战略的类型

体育场馆的运营战略决定着体育场馆运营的方向、目标、准则等内容,同样,体育场馆运营的方向、目标等代表着体育场馆运营战略的类型,当前,常见的体育场馆运营战略的类型有市场地位战略、生命周期战略等。

(一)市场地位战略

市场地位战略即确定市场地位的战略,企业在市场中所处的地位有市场挑战者、市场领先者、市场补缺者、市场追随者四种,企业可以根据自己的实际情况确定自身的地位,并以此为依据制定相关战略。

1. 市场挑战者

市场挑战者指的是通过主动进攻竞争对手来增加自身的市场份额的体育场馆。在体育场馆行业中,所有的场馆都可以作为市场挑战者,市场挑战者主要通过直接进攻与间接进攻的方式对其他体育场馆展开进攻。

(1)直接进攻。

市场挑战者从正面向竞争对手发起进攻的方式就是直接进攻,市场挑战者进行直接进攻时,进攻的重点是产品、包装与广告价值,这种进攻实际上就是进攻对手的优势。需要注意的是,市场挑战者如果想通过直接进攻的方式达到进攻目的,实力必须要强于竞争对手,否则极可能失败。

(2)间接进攻。

市场挑战者向竞争者的后方发起重点攻击的方式就是间接进攻,市场挑战者进行直接进攻时,进攻的重点是对方的薄弱领域,进攻的目标是拓展自身的资源基础、扩大自己的市场份额。间接进攻的方式主要有三种:第一种是对无关产品进行多样化经营;第二种是在新的地区推广现有的产品;第三种是引进新技术、开发新产品。

2. 市场领先者

市场领先者指的是在市场中所占的份额最大,同时在价格变化、促销手段、新产品开发等方面处于行业领先地位的体育场馆。当体育场馆成为市场领先者之后,为了保持领先者地位,需要保护现有市场份额,扩大总需求。

(1)保护现有市场份额。

保护现有市场份额是市场领先者保持市场地位的必要举措,要保护现有的市场份额,市场领先者可以进行动态防御和静态防御。动态防御指的是市场领先者要在竞争者发起进攻前先行进攻,以掌握主动权;静态防御指的是市场领先者要建造牢固的守卫工事,以防御对手的进攻。

(2)扩大总需求。

市场领先者在行业中属于统治地位,占据的市场份额最大,当市场的总需求扩大时,市场领先者获得的市场效益将会是最大的。要想扩大总需求,市场领先者必须不断寻找新用户、探索产品新用途。

3. 市场补缺者

市场补缺者指的是在某一种对大型体育场馆吸引力较小的市场进行专业化经营的小型体育场馆。市场补缺者在市场中优势不明显,会主动避免与市场领先者、市场挑战者竞争,主要特点是为特定消费者提供专门化服务。市场补缺者在经营方面的特征共有四点:第一,市场补缺者的生产与服务具有针对性和高度集中性特征,一般不会同时生产多种产品;第二,市场补缺者生产的产品价格比较低,质量相对较高;第三,市场补缺者的生产成本相对较低;第四,市场补缺者的售后服务十分优越。

4. 市场追随者

市场追随者会效仿市场领先者的经营行为,同时,市场追随者生产的产品、提供的服务等也基本与市场领先者一致。虽然市场追随者占据的市场份额相对较少,但是其仍能够受益,另外市场追随者不希望扰乱市场形势,重视盈利。市场追随者常用的追随方式有三种:选择性追随、距离性追随、紧追不舍。

(1)选择性追随。

有些体育场馆并不完全追随处于市场领先地位的体育场馆,他们会依据自己的需求灵活进行选择性追随,这种追随方式就是选择性追随。进行选择性追随的体育场馆一般具有创新意识与创新能力,但是没有与市场领先者对抗的能力,因此,这种体育场馆可能会发展成为市场挑战者。

(2)距离性追随。

处于追随地位的体育场馆追随的重点是领先者的产品创意、价格、市场、产品创新等,在其他方面则与市场领先者保持一定的距离,这就是距离性追随。

(3)紧追不舍。

处于追随地位的体育场馆对市场领先者的追随既体现在细分市场中,又体现在营销领域,这种追随方式就是紧追不舍。使用这种追随方式的体育场馆的角色虽然接近市场挑战者,但是通常不会阻碍市场领先者的发展。

(二)生命周期战略

体育场馆经营的产品在市场上的销售情况、获利能力等是具有周期性变化的,这种周期性变化被称为产品生命周期,产品生命周期就是产品从进入市场到退出市场所经历的市场生命循环过程,产品进入和退出市场标志着周期的开始和结束。生命周期战略可以分为引入期、成长期、成熟期与衰退期。

1. 引入期

在体育场馆的新产品投入市场后,就进入了引入期。在引入期,消费者并不了解产品,产品的市场占有率较低,成本与宣传费用高,体育场馆往往不能获利。这一时期,体育场馆若不想被市场淘汰,就要使用恰当的营销策略,可以使用的营销策略有迅速夺取策略、缓慢夺取策略、迅速渗透策略、缓慢渗透策略。

(1)迅速夺取策略。

迅速夺取策略指的是用高价格、高促销水平来推出新产品的策略,体育场馆使用这种策略的具体条件有以下几个:①产品知名度很低;②了解产品的人急于购买;③存在潜在的竞争者,迫切需要培养忠实顾客。

（2）缓慢夺取策略。

缓慢夺取策略指的是用高价格、低促销水平来推出新产品的策略，体育场馆使用这种策略的具体条件有以下几个：①顾客对产品已经有基本的了解；②顾客愿意支付高价；③市场上没有较强的潜在的竞争者。

（3）迅速渗透策略。

迅速渗透策略指的是用低价格、高水平促销来推出新产品的策略，体育场馆使用这种策略的具体条件有以下几个：①顾客对产品不了解；②市场对价格比较敏感；③存在比较强大的进攻对手。

（4）缓慢渗透策略。

缓慢渗透策略指的是用低价格、低促销水平来推出新产品的策略，体育场馆使用这种策略的具体条件有以下几个：①市场规模较大；②产品具有一定的知名度；③市场对价格比较敏感；④存在潜在竞争对手。

2. 成长期

在体育场馆的产品与服务进入市场并成功销售之后，就进入成长期，这一时期体育场馆的目的就是维持高速的市场增长率，可以采用的是市场推广战略，具体措施有以下几点：第一，改进产品的质量，以优质的产品与服务适应市场的需求；第二，进行新的市场细分，开拓新的销售渠道，并扩大商业网点；第三，将广告宣传的目标由建立并提升知名度转变为说服消费者接受与购买产品；第四，可使用适当降低价格的方式来吸引新顾客、提升自身竞争力。

3. 成熟期

在经过成长期之后，市场开始逐步饱和，这时体育场馆的产品就进入了成熟期，在这一阶段，产品的销售增速会放缓，直至下降。成熟期的产品是体育场馆理想的产品，这一时期的战略与主要任务是延长产品的成熟期，具体措施有以下几点：第一，体育场馆要开发产品的新用途，使产品进入新的成长期；第二，体育场馆要开拓市场，在新的市场领域获利；第三，体育场馆要对自身提供的产品进行改良，以不断满足消费者的需求。

4. 衰退期

由于新产品的出现、生活习惯的改变、科技的发展等因素，体育场馆的产品销售量和利润会明显下降，产品也会进入衰退期。通常，处于衰退期的产品应该采用放弃、逐步放弃或自然淘汰的策略。

三、体育场馆运营的战略目标

（一）体育场馆运营战略目标的性质

战略目标的性质主要体现在以下几点：第一，战略目标指的是体育场馆在执行使命任务时追求的最终结果；第二，战略目标是否实现是判断体育场馆的企业使命是否完成、体育场馆的工作是否完成的标准和依据；第三，战略目标能够实现体育场馆中的经营资源、管理力量的集中利用；第四，战略目标存在于体育场馆中的各个层次与领域。

（二）体育场馆运营战略目标的内容

战略目标的内容包括体育场馆的盈利能力、市场竞争地位、市场目标、资源目标、发展目标、职工福利目标、社会责任目标等。

（1）盈利是体育场馆经营的主要动力，反映体育场馆盈利能力的指标有资本利润率、成本利润率、销售利润率等，战略目标中的盈利目标尤其重要。

（2）体育场馆在市场竞争中的相对地位就是市场竞争地位，市场竞争地位的主要指标包括市场占有率、市场扩大率、市场覆盖率、销售收入、售后服务项目等。

（3）体育场馆的基本职能是市场创新与市场推销，体育场馆的市场目标包括开发新市场、促进传统市场的向纵深发展。

（4）人力、物力与财力资源是体育场馆经营中必不可少的资源支持，在一定程度上决定着体育场馆的长期生存与稳定发展，因此，战略目标必须要包括人力资源、物力资源与财力资源供应发展的目标和利用状况的生产率目标。

（5）体育场馆的发展目标包括以下几点：第一，通过资源重组、资源流动等方式来扩大自身规模；第二，借助多样化的经营来推动企业的发展；第三，增加流动资产、固定资产，同时也要多投入无形资产；第四，不断提升相关人员的基本素质、管理素质等，以提升体育场馆的经营能力。

（6）给体育场馆的职工分配福利，能够调动其工作积极性，有利于增强体育场馆经营的内在动力，职工福利包括职工的工资、奖金、集体设施等。

（7）体育场馆属于社会大系统的重要组成部分，承担着一定的社会责任，这就要求体育场馆要制定社会责任目标，体育场馆经营与管理者不仅要具有经济观念，还要具有公众利益观念与社会观念。

(三) 体育场馆运营战略目标的结构

不同的体育场馆有各自的特点,其战略目标也不尽相同,因此促成了不同的战略目标结构的形成,战略目标结构常见的形式有以盈利为重点的结构形式、以创新为重点的结构形式、以低成本为重点的结构形式、以场馆形象为重点的结构形式、以市场占有率为重点的结构形式。

1. 以盈利为重点的结构形式

以盈利为重点的结构形式的特点是尽可能保持销售收入和利润的同步增长,最好利润的增长速率可以超过销售收入的增长速率,具体的措施有以下几点:第一,不断调整价格政策;第二,致力于扩大畅销项目的生产,实现销售率的提升;第三,不断调整项目结构,增设利润高的项目;第四,开源节流。

2. 以创新为重点的结构形式

以创新为重点的结构形式指的是体育场馆在发展时将创新作为重点,采用这种战略目标结构的体育场馆会不断开发新技术和新项目,购买新设备,促进自身的创新发展,从而提升自己的市场竞争力,具体的措施有以下几点:第一,培养各种高水平的人才;第二,不断筹措资金,增加资金投入;第三,开发信息资源;第四,积极引进新项目。

3. 以低成本为重点的结构形式

以低成本为重点的结构形式指的是体育场馆在发展时将低成本作为重点,这种战略目标结构的特点是体育场馆会在保障整体经济效益的前提下降低成本,具体措施有三点:第一,适当降低人工成本;第二,通过改进服务设计的方式来降低成本;第三,通过简化服务的方式来降低成本。

4. 以场馆形象为重点的结构形式

以场馆形象为重点的结构形式指的是体育场馆在发展时将塑造体育场馆的形象作为重点,采用这种战略目标结构的体育场馆会不断提高产品信誉,进行企业文化建设,以树立良好的形象,由此实现市场竞争力的提升,具体措施有以下几点:第一,创立自己的品牌,并不断增加品牌的知名度;第二,提升品牌的信誉度;第三,积极承担社会责任;第四,不断提升服务质量。

5. 以市场占有率为重点的结构形式

以市场占有率为重点的结构形式就是体育场馆在发展时将提升市场占

第六章 体育场馆的运营战略

有率作为重点,通过不断开拓市场,增加市场占有率的方式提升自身的市场竞争力,具体的措施有以下几点:第一,对老旧项目进行整顿,同时积极开发新项目;第二,降低价格并提升服务质量;第三,不断优化质量,调整价格水平,提高性价比。

(四)体育场馆运营战略目标的制定原则

体育场馆的战略目标对经营活动的成功具有重要的影响,战略目标的制定至关重要,因此,在制定体育场馆的战略目标时需要坚持三个原则,分别是效益原则、全局原则和规范原则。

1. 效益原则

体育场馆运营的目的是盈利,因此体育场馆的运营必须要坚持效益原则,效益原则也是体育场馆运营的基本原则。效益原则要求体育场馆制定运营战略的目标技术要可行,经济方面要合理,要求体育场馆运营制定战略目标时,要认真分析战略决策项目,并在此基础上选择合适的战略目标方案。另外,坚持效益原则并不是要求体育场馆经营者只考虑经济效益,而是要在重视经济效益的同时兼顾社会效益。

2. 全局原则

体育场馆战略目标的制定必须要坚持全局性原则,要具有全局观与整体观,要依据体育场馆的全局情况与整体发展情况来制定战略目标,要重视长远利益,具有大局观,尽可能降低可能出现的副作用,力争实现总体效益的最大化。

3. 规范原则

体育场馆运营战略目标的制定是有严格的程序与要求的,也必须要采用科学的方法,准确按照一定的步骤来进行,也就是说体育场馆的运营战略制定必须要坚持规范原则。体育场馆战略制定的步骤具体如图6-1所示。

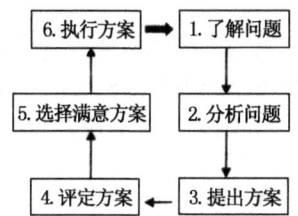

图6-1 体育场馆制定运营战略的步骤

第二节 体育场馆运营战略环境分析

体育场馆的运营受内部环境和外部环境的影响,对体育场馆运营战略环境的分析就是收集、预测、分析、研究体育场馆运营的内部环境与外部环境。

一、体育场馆运营的内部环境因素

体育场馆运营的内部环境指的是体育场馆在运营的过程中已经具有的或可以取得的资源的数量与质量,这里的资源除了物力资源、人力资源和财力资源等物质资源,还包括企业形象、企业文化等无形资源,体育场馆的内部经营生产所涉及的要素就包含这些无形资源,体育场馆的运营能力也可以通过这些无形资源体现出来。

体育场馆的内部环境因素具体可以按照构成要素、能力等分为不同的类别。

(一)按构成要素划分

按照构成要素来划分,体育场馆运营的内部环境可以分为财力因素、人力因素、物力因素、信息因素与技术因素。

1. 财力因素

财力因素是体育场馆的资金状况的反映,体育场馆的现有资金、筹集资金的能力、贷款的能力、固定资产的状况、流动资源的状况、资产负债情况等,都是财力因素的表现。

2. 人力因素

人力因素是体育场馆运营内部环境构成因素中最基本的因素之一,也是最有活力的因素。对于体育场馆的服务活动来说,体育场馆的员工和消费者的互动与沟通是起点,沟通效果则影响着消费者的满意程度和消费行为。

3. 物力因素

物力因素主要包括技术装备质量和劳动对象质量两个方面。

(1)技术装备质量。

体育场馆的技术装备质量对体育场馆的技术基础具有决定性作用,技术装备的质量包括体育器材设备的数量、磨损程度、技术性能等。体育场馆要开展经营性活动,器材装备的质量、数量等都要符合要求,否则体育场馆的工作质量、服务质量、经济效益等都会受到影响。

(2)劳动对象质量。

体育场馆现有的资源的情况、体育场馆原材料和能源的供应情况就是劳动对象的质量,劳动对象的质量对体育场馆的发展具有重要的作用。

4. 信息因素

信息因素指的是与体育场馆运营相关的信息,包括体育场馆的用户和情报资料、市场信息、信息网络的构成等。把握了信息因素,体育场馆运营就能够抓住有利因素,制定正确的运营战略,实现良性发展。

5. 技术因素

技术因素指的是体育场馆中技术人员的专业水平、服务人员技能和技巧等因素,掌握了技术因素,体育场馆运营的内部环境就可以得到改善,这样就能够推动体育场馆的运营与发展。

(二)按能力划分

将体育场馆运营的内部环境要素按照能力来划分,可以分为应变能力、财务能力、获利能力、接待能力、创新能力、销售能力、经营管理能力。

1. 应变能力

应变能力是体育场馆得以长期发展的关键因素,应变能力指的是体育场馆的产品、服务等和市场需求变化相适应的能力,体育场馆的价格、经营手段、服务质量等都属于应变能力。

2. 财务能力

体育场馆的财务能力是体育场馆运营的关键因素,财务能力突出的体育场馆发展得也就越好,体育场馆运营的财务能力因素主要包括现有资金、资金负债比例和流动资金状况等。

3. 获利能力

体育场馆运营的目的就是获利,获利能力指的就是体育场馆在运营时尽可能减少物质消耗量,以尽可能少的投入获取最高的利润,以增强盈利能力,具备了较强的获利能力,能够提升体育场馆的运营能力。

4. 接待能力

接待能力主要体现在体育场馆场地的规模、器材的质量、专业技术水平、员工的技术水平等方面。接待能力越强,体育场馆的运营能力就越强,能够在市场竞争中取得优势。

5. 创新能力

对体育场馆的业务经营活动进行科学且合理的组织,不断开拓市场,推出新产品,就能够提升体育场馆的创新能力。

6. 销售能力

销售能力能够反映出体育场馆的经销能力,体育场馆的销售能力主要包括销售网络、促销销售、信息反馈、销售人员的规模、专业水平等。如果一个体育场馆具有突出的销售能力,那么其就能够占有较高的市场份额,进而能够在市场竞争中取得优势。

7. 经营管理能力

经营管理能力的主要内容有体育场馆的协同能力、领导能力和内部组织能力等,体育场馆的经营机制可以通过经营管理能力表现出来。

二、体育场馆运营的外部环境因素

体育场馆运营的外部环境因素包括直接环境因素与间接环境因素。

(一)直接环境因素

和体育场馆直接产生联系的外界环境因素就是直接环境因素,直接环境因素包括时间因素、竞争因素、资源因素、市场需求因素、国家政策因素。

1. 时间因素

当人们有闲暇时间之后,才会进行体育消费,闲暇时间不同,人们的消费需求、消费内容也不尽相同。如在双休日、节假日,人们拥有的闲暇时间较多,就会花更多的时间进行体育消费;在冬季,人们更热衷于参与冰雪项目;在夏季,人们喜欢参与水上项目。因此,体育场馆要对人们的闲暇时间

第六章 体育场馆的运营战略

进行分析与研究,并以此为基础为消费者提供适合的体育产品与服务。

2. 竞争因素

竞争因素指的是和体育场馆平行存在的,或者可以与体育场馆相互代替的外部环境因素。对竞争因素进行分析,就能够了解主要竞争对手的优势和实力,发现潜在的竞争者,这样也就能够明确了解体育场馆运营存在的威胁。在分析体育场馆的竞争因素时,要重点分析竞争者的基本情况、竞争优势等内容。

3. 资源因素

进行体育场馆运营管理的一个重要的目标是最大限度地节约体育场馆的所有资源,尽量使用最少的资源来满足体育产品的消费需求。提升经营效率的一个至关重要的条件就是体育场馆顺利从外部环境中获得经营所需要的人力、物力、财力等资源,就当前而言,我国体育场馆在资源选用方面仍存在很大的问题,需要不断提升自身利用资源的优势。

4. 市场需求因素

在市场经济条件下,市场需求对体育场馆的发展具有引导作用,由于社会经济的不断增长及消费者购买力的不断提升,消费者对体育的需求也开始不断增加,体育场馆对消费者的消费需求进行分析与研究,有助于社会经济的发展,有助于满足消费者的需求,也有助于改善体育场馆经营管理的质量,提高体育场馆经营管理的经济效益。

5. 国家政策因素

国家颁布的各项政策、法规等会影响体育场馆的运营,这就要求体育场馆必须认真了解国家颁布的法律法规、条例、政策或方针等,并要及时调整体育场馆的经营战略。

(二)间接环节因素

与体育场馆的运营没有直接联系的外界环境因素就是间接环境因素,间接环境因素主要包括政治环境因素、经济环境因素、技术环境因素、文化环境因素。

1. 政治环境因素

政治环境因素即会对体育场馆经营活动产生影响的一般政治因素,包括政治制度、政治形式、政治发展方向等。政治环境因素是影响体育场馆经营活动的间接性因素,如果政治局势不稳定,会严重影响体育场馆的经营行为。我国政治局势稳定、社会安定,政府制定了许多利于经济发展的法规、政策,这为我国体育场馆的经营发展创造了良好的政治条件。

2. 经济环境因素

体育场馆的运营是经济发展的组成部分,经济的发展状况与趋势会影响体育场馆的运营与发展,国家为促进经济的发展与进步会制定相关的经济措施,如调解信贷利率、制定并实施与体育场馆经营相关的优惠政策等,这些经济措施都会影响体育场馆的运营,这主要体现在以下几点:第一,国家制定并实施与体育场馆相关的优惠政策能够帮助体育场馆经营者在市场中获利;第二,当借贷利息降低后,体育场馆的成本也会降低,这对体育场馆的运营是有利的;第三,当体育经营活动的税率提高时,体育场馆经营者的利益就会受损,体育场馆的运营也会受到影响。

3. 技术环境因素

技术的发展是经济增长的主要推动力,体育场馆想要在市场中取得优势,谋求长期发展,必须要时刻关注科技发展的新动向,研究并掌握新的技术与新的体育产品,并将这些因素用在体育场馆的运营活动中,以提升自身的竞争力,在竞争中占据领先地位。

4. 文化环境因素

文化环境指的是人们在特定的社会制度下形成的民族习惯、文化水平、道德观念等,人的体育消费行为的差异会受到文化环境因素的影响,而人的体育消费行为影响着体育场馆的运营,因此体育场馆的运营也受文化环境因素的影响。因此,体育场馆的运营要与社会文化的需求相适应,不断开拓适合体育场馆所在区域的文化环境的经营业务。

第三节 体育场馆运营的科学化战略决策

决策是体育场馆管理的核心,决策的制定与实施是管理活动开展的中心,由此可见,科学化的战略决策在体育场馆运营中具有重要的作用。

第六章 体育场馆的运营战略

一、决策的概念与经营决策的意义

(一)决策的概念

决策就是将预定目标作为依据而做出的关于行动的决定。决策有狭义和广义两个方面的含义。从狭义的角度看,决策就是在众多方案中选出最好的方案;从广义的角度看,决策指的是做决定的过程,除了包括在众多方案中选出最合适的方案外,还包括为了选择最佳的方案而进行的信息收集、决策制定、行动策划等工作。

(二)经营决策的意义

经营决策指的是体育场馆就经营方面做出的长期的、全局性的决策,是体育场馆所有决策的重要组成部分,决定着体育场馆经营的成败。体育场馆经营决策的意义主要体现在以下三点:第一,对于现代化的企业经营管理而言,经营决策处于核心地位;第二,正确的经营决策有助于体育场馆的发展,错误的经营决策会阻碍体育场馆的发展甚至还会导致体育场馆的衰亡;第三,科学的经营决策能够有效提高体育场馆的经济效益。

二、决策的基本特征和分类

(一)决策的基本特征

决策的基本特征主要有四点,具体如下:

第一,决策目标明确。想要做出最佳的决策,必须要有最终的行动方案,要明确目标,将目标作为判断所制定的方案是否可行的依据。如果决策的目标不明确,那么决策也就失去方向,体育场馆相关人员就无法做出有效的行动。

第二,决策是一个过程,是一个提出问题并分析问题的过程,在进行决策的过程中,所进行的分析、研究等一定要科学,要严格按照程序进行。

第三,决策以选优为核心,决策是将多个方案进行分析、对比、选择的一系列活动,有两个及以上方案时,才能够进行决策,因此,决策是以选优为核心的,进行决策也就是择优。

第四,决策具有风险性。决策是以预测为根据的,人的预测总是和现实有差距的,实际情况一定不会与预测的情况完全一致,决策都是有风险的,只是风险的大小不一致。因此,需要做决策的人要严格遵循科学的程序来制定决策,使用科学的方法提升决策的准确性。

(二)决策的分类

决策有多种类别,当分类的标准不同时,决策的类别也不相同,决策分类的标准有以下几种:按决策的性质与重要性分类、按决策思维过程的差异分类、按决策的主体不同分类、按所处条件与结果出现概率的差异分类、按决策所处的管理层次分类、按决策的目标和所用方法分类。

1. 按决策的性质与重要性分类

按决策的性质和重要性来分类,可以将决策分为战术决策与战略决策两种。战术决策指的是与手段、过程相关的局部决策;战略决策指的是能够对整体活动、未来发展等产生重要影响的决策。

2. 按决策思维过程的差异分类

依据决策思维的不同,可以将决策分为常规决策和非常规决策。
(1)常规决策。
常规决策指的是对经常会出现的、重复出现的问题做出的决策,常规决策是在反复实践中进行的,具有可行的程序、制度与方法,主要的特征是以常规的思维与方式来处理问题。
(2)非常规决策。
非常规决策指的是对突发性的新问题进行的决策,突发性问题的决策没有丰富的实践经验,没有形成可行的程序、制度,只能依靠非常规的思维与手段。非常规决策具有不常见、比较新颖等特征。

3. 按决策的主体不同分类

按照决策主体的不同,可以将决策分为个体决策与集体决策两种。个体决策指的是由个人自主进行的决策;集体决策指的是所有的成员都发表自己的意见,平等参与决策,并采用少数服从多数的方式进行的决策。在集体决策中,每个人的智慧都能够被充分发挥。

4. 按所处条件与结果出现概率的差异分类

以所处的条件与结果出现概率的差异为标准,可以将决策分为确定型决策、风险型决策与非确定型决策。

(1)确定型决策。

确定型决策指的是当决策的条件既定时,一定可以实现所选方案的预期结果的决策,确定型决策的特点是环境清晰、因果关系确定,并且每一种方案只有一种明确的结果。

(2)风险型决策。

风险性决策指的是不确定事件会不会发生,但是知道在事件可能发生的情况下的决策。因为事件不一定会发生,只是具有发生的概率,因此预测与现实必然有一定差距,这时做出决策就存在一定的风险。

(3)非确定型决策。

决策的条件不确定、不可控,一个方案可能会有诸多不同的结果,出现的不同结果的概率也无法估计,因此在决策做出后并不能确定会出现怎么样的结果,这就是非确定型决策。

5. 按决策所处的管理层次分类

以决策所处的管理层次为依据,可将决策分为基层决策、中层决策和高层决策。基层决策指体育场馆的工作人员所做出的作业性决策,特征是技术性强;中层决策是体育场馆的中层领导做出的执行性与管理性的决策;高层决策就是体育场馆的最高领导做出的经营性决策。

6. 按决策的目标和所用方法分类

以决策的目标和所用方法为依据,可将决策分为计量决策和非计量决策。计量决策指的是使用明确的数量来表示决策目标;非计量决策指的是用明确的数量来表示目标比较困难,需要决策者凭借自身的分析与判断来解决问题。

三、决策的基本要素

决策的基本要素包括决策者、决策对象、决策信息、决策理论和方法、决策结果。

(一)决策者

决策者可以是个人,也可以是集体,决策能够展现出决策系统的主观能力。要做一个优秀的决策者,必须具备多方面的素质,具体要做到以下几点；第一，身心要健康，健康的身体与心理是一切工作的基础，决策者保持身体健康、精神饱满、精力充沛，这样才能够妥善处理问题，做出科学、合理的决策；第二，要具有一定的智慧与渊博的学识，能够准确把握事物的变化发展规律；第三，要具有广阔的胸襟，具有出众的领导力与号召力，能够使全体员工团期起来，共同为实现目标而努力；第四，遇到问题要冷静，要具有良好的适应能力，可以做到随机应变；第五，要具有勇敢、果断、无所畏惧的精神。

（二）决策对象

决策对象一般指的是一个特定的系统，具有明确的边界，但是这个系统是可以调控的，只有决策对象在可调控的范围之内，决策才能够顺利实施。

（三）决策信息

决策信息即与决策相关的信息，主要包括两个方面的内容：一是决策对象系统内部的信息；二是决策对象外部所需的信息。要进行科学、合理的决策，必须要及时获取各种信息，获取的信息要系统、简明、准确，只有这样，在进行决策时才能够充分发挥出信息的作用，使决策与信息相符合。

（四）决策理论和方法

在做出决策时，决策者必须正确运用决策的理论与方法。由于研究的持续深入、相关领域的飞速发展，决策理论与方法的研究越来越具体、越来越详细，使得决策者进行决策时也就更加方便。但是，决策者在决策时不能对决策的理论与方法生搬硬套，要依据决策的对象、决策的任务、决策的要求等因素来选用适当的理论与方法。

（五）决策结果

决策的结果可能是正确的，也可能是错误的。为了保障决策的科学性，提升决策的正确率，决策者需要先对可能会出现的结果进行分析与检验，对决策的科学性进行检验。另外，在执行决策时，要重视信息的反馈与对决策执行情况的追踪。检验决策的科学性可以从以下几个方面入手：第一，检测预测是否科学、是否准确；第二，检测收集到的情报是否完整、及时且可靠；第三，检测是否具有应变和反馈系统；第四，检测对决策者、决策对象、决策理论、决策方法等的选择是否合适；第五，检测决策的方案是否可行，是否具有可行度；第六，检测决策能否保障人、财、物等资源的利用。

四、体育场馆经营决策的原则

进行体育场馆的经营决策需要坚持六个原则,分别是系统性原则、可行性原则、科学性原则、创新性原则、经济性原则和目标性原则。

(一)系统性原则

体育场馆属于社会大系统中一个中重要的子系统,在进行经营决策时,体育场馆必须树立全局观念和整体观念,要认识到自身是社会系统的一部分,认识到自身的内部条件要服从外部环境条件,要和社会外部环境相适应,也就是说,体育场馆要从全局角度来做出全面、综合且平衡的经营决策。

(二)可行性原则

可行性原则是体育场馆经营决策的基本要求,遵循可行性原则,决策者必须从客观实际出发,来分析决策的主观、客观条件是否具备,分析决策是否可行,另外,决策者还要考虑政治、社会等其他方面的因素,判断这些因素是否会影响到决策的执行。

(三)科学性原则

决策这项工作具有极强的科学性,体育场馆的经营决策必须要坚持科学性原则,决策者要以科学的理论为指导,使用正确的、科学的方法,坚持遵循科学规律,从而促进决策更加合理、正确。

(四)创新性原则

体育场馆的经营要与社会的发展相适应,决策者就必须坚持创新性原则,要有创新意识,要不断创新,使体育场馆经营有新的经营决策、劳务产品、经营方式等,从而促进体育场馆经营的发展。

(五)经济性原则

体育场馆经营的根本目的就是获利,获得经济效益也是体育场馆经营活动的核心,因此体育场馆的经营必须坚持经济性原则,要充分考虑经济效益,并依据经济效益来进行决策。但需要注意的是,体育场馆的经营不能为了获取经济效益做出损害国家与社会利益的行为。

(六) 目标性原则

体育场馆经营决策的前提是确定经营目标,也就是要坚持目标性原则,经营决策如果没有目标作为引导,也就没有了方向。因此,体育场馆的经营必须要制定明确的、可行的、具体的、科学的经营决策目标。

五、体育场馆经营决策的基本程序

体育场馆经营决策的基本程序有五步:第一步是找出问题并提出目标;第二步是拟定可行的方案;第三步是对可行方案进行分析和评价;第四步是选择最佳的决策方案;第五步是执行方案并对方案的实施情况进行跟踪和检查。

(一) 找出问题并提出目标

在体育场馆的经营过程中,总会遇到各种问题,也就需要进行各种形式的决策,决策者预期取得的成果就是决策目标,决策目标的特点有三个:第一,决策目标的成果是可以计算出来的;第二,决策目标的实现时间是可以规定的;第三,决策目标的责任是可以进行明确的。正因为决策目标具有以上三个特点,因此要设立决策目标,就必须要保障决策目标的单一性,即决策目标的执行者只能使用一种解释来理解决策,并能够使用责任的定量化来衡量目标。

(二) 拟定可行的方案

在提出目标之后,要拟定可行性的方案。进行体育场馆的经营决策时,会设计许多方案,并从这些方案中做出最优的选择,假如只有一个方案,那么也就无从选择,决策也就无从谈起。因此,这一步要求拟定多种可行性的方案,并要对方案中的细节进行确定,以方便制定具体的措施,使决策能够更好地实施与执行。

(三) 对可行方案进行分析和评价

对可行方案进行分析和评价是体育场馆经营决策基本程序的第三步,在拟定了可行的方案之后,就要对可行方案进行分析,并要在分析的基础上对各种方案进行对比与评价。评价的方法可以选择定性评价法和比较评价法。

(四)选择最佳的决策方案

在对各种方案进行比较、评价之后,要权衡每个方案的利弊,从这些方案中选择出最佳的决策方案,并对这一决策方案进行优化。但是在实际中,通常只能实现相对的优化,实现完全优化是十分困难的,信息因素、人的认识因素、时间因素、环境因素等都会影响对最佳方案的选择与优化。

(五)执行方案并进行跟踪和检查

体育场馆经营决策是一个完整行动的过程,它是严格按照程序进行的,执行决策方案,并对决策方案进行跟踪检查,是体育场馆经营决策的最后一步。要执行决策方案,需要使决策执行者充分了解决策的方案,并且要在执行决策的过程中及时反馈信息。如果在执行决策的过程中,决策方案的客观条件发生了较大的变化,就必须对决策进行调整,也就是要通过反馈的信息、变化后的条件等来进行新的决策。

第七章　体育场馆的运营实施

在对体育场馆的科学化运营战略进行了探究的基础上,将其实际运用到具体的实施方法中,才能使与体育场馆运营相关的理论更好地和场馆的实际运营相结合。本章对体育场馆的市场营销、服务营销、赛事营销及社会化服务的具体科学化实施进行了探究。

第一节　体育场馆的市场营销

一、体育市场概述

(一)体育市场的概念

市场属于商品经济的范畴,市场存在于有社会分工与商品生产的任何地方。市场是随着社会的不断发展而逐渐出现、产生和不断壮大的。

市场有广义和狭义之分,而体育市场属于社会市场的一个子系统,因此,我们也应从广义和狭义两个方面对体育市场的概念进行理解。

广义上的市场指的是商品的生产者、经营者和消费者为了满足自己与相互的需要,出售自己的商品或从别人手中购买自己所需的商品,在这种交换过程中实现商品的价值,是商品交换活动以及商品交换关系的总和。因此,广义的体育市场就是指全社会体育服务产品交换活动及交换关系的总和。既包含体育劳动与服务产品的交换活动,也包含于体育产品相关的一切的交换活动。

狭义的市场指的是商品交换和买卖的场所,如集市、商店、超市等,这是一个空间概念。因此,狭义的体育市场指的是直接买卖体育服务这种特殊消费品的场所,也就是体育场馆、健身娱乐场所、网球场、乒乓球俱乐部、保龄球馆和项目培训点等地方,消费者通过门票、入场券的购买以及支付培训费用等方式,直接购买各种体育商品。

(二)体育市场的要素

根据体育市场的概念不难得出一个完整实际的体育市场应该具备的要素,通常来说,构成体育市场应具备三个基本要素:体育消费者、体育消费欲望、体育消费水平,这三个基本要素可用下面的关系式来表示它们之间的关系:

体育市场=体育消费者×体育消费欲望×体育消费水平

二、体育场馆目标市场的选择

(一)目标市场选择的条件

体育场馆要想在经营过程中提高市场的占有率从而获得更多的利益,合理选择与场馆发展相适应的目标市场是十分重要的。在选择目标市场时,一般要满足以下条件。

1. 市场容量充足

体育场馆在选择目标市场时,一定要选择具有一定水平购买力的人群作为目标市场和目标客户,只有市场容量足够充足,才能保证体育场馆的服务和产品有可观的需求量。

2. 发展潜力广阔

体育场馆选择的目标市场要具有广阔发展潜力,要有足够的发展空间,只有这样,才能为体育场馆争取到足够的销售机会,才能保证体育场馆实现可持续发展。

3. 竞争尚不激烈

体育场馆选择的市场目标最好是还没有被其他体育场馆所控制的领域,或者是选择的目标市场的竞争还不是特别激烈,要将目标放在竞争水平不强、管理水平还偏低的细分市场,这样的目标市场在一定程度上更有利于占领和挖掘。

4. 发挥内部优势

体育场馆在选择目标市场时首先要对自身的优势进行分析,然后本着能够充分发挥场馆在运动器材、服务质量等方面的综合优势的原则进行目标市场的选择，以便发挥体育场馆内部的相对优势。

(二)目标市场选择的策略

体育场馆目标市场选择的策略主要包括三种：无差别营销策略、差别性营销策略、集中营销策略。

1. 无差别营销策略

无差别营销策略的优点就是营销成本比较低，这有两方面的原因。一方面，由于无差别营销策略认为消费者的需求都是相同的，因此可以对消费者运用相同的营销方法。另一方面，由于对所有的消费者都采用了相同的营销方法，因此就省去了对市场进行细分的环节，这在一定程度上也减少了市场调研、广告宣传、促销优惠等的费用支出，从而降低了营销成本。

2. 差别性营销策略

与无差别营销策略不同，在运用差别性营销策略进行营销之前，体育场馆会先对市场进行充分的调研，然后对市场进行细分，将市场划分为若干个具体的小市场，并根据每个小市场的具体特点推出符合市场体育产品和服务，同时，针对不同特点的小市场也会采取不同的营销方法。虽然这种营销策略执行起来环节较多，成本也相对较高，但是其特有的优势，差别性营销策略不仅能够更充分地满足各种消费者的需求，还能帮助体育场馆销售出更多的产品和服务。

3. 集中营销策略

集中营销策略主要是将目标集中在一个或者几个细分的市场，并针对其进行专门化的服务和销售。集中营销策略虽然不能使体育场馆在整个体育市场内占据一定的份额，但是可以帮助体育场馆在一部分较小的市场中占据较大的市场份额，这也有利于提升体育场馆的经济效益。

(三)选择目标市场营销策略应考虑的因素

每个体育场馆的规模、经营项目等各有不同，因此，在对目标市场进行营销策略选择时也应有不同的考虑。通常情况下，选择目标市场的营销策略应考虑以下几点因素。

第七章 体育场馆的运营实施

1. 体育场馆的规模

一般来说,规模较大的体育场馆生产技术与体育设施设备都比较先进,这样的体育场馆在资金方面也很充裕,因此,其在选择目标市场的营销策略时会优先选择差别性营销策略,或者也会选择无差别营销策略。但是如果体育场馆的规模较小,设施设备一般,经营过程中可支出的费用也有一定的限制,这样的体育场馆就比较适宜选择集中市场营销策略来进行市场营销工作。

2. 体育场馆服务产品的特性

如果体育场馆推出的体育产品和服务的特性与其他体育场馆不同,那么在选择市场营销策略时也应采用差别性营销策略,只有这样,才有利于将体育场馆的产品和服务更好地向市场推广,使更多的消费者接受体育场馆的产品和服务。举例来说,对于一些异质性商品来说,消费者在决定购买之前一定会对该产品进行全面的了解并和其他类似的产品进行多次的对比,对于这种商品来说,采用差别性营销策略会更容易促使消费者购买所销售的产品。

3. 体育场馆目标市场的特性

目标市场的特性也是选择营销策略时应重点考虑的因素。如果体育场馆面对的目标市场的消费对体育产品和服务等的需求、欲望、偏爱程度等具有较高的一致性,他们消费和使用的频率也基本一致,这种情况下无论采用什么销售渠道或者促销方式对消费者的消费都不会产生太大的影响,在这种情况下体育场馆就适宜选择无差别营销策略进行营销工作。但是,当目标市场的消费者对体育产品和服务的需求差别较大,消费者个人的偏爱程度也有很大的差别时,体育场馆选择差别性营销策略或者集中营销策略较好,这能更好地解决消费者的需求差异问题,使消费者消费更加满意,从而提升营销的效果。

4. 体育场馆产品的寿命周期

不同的产品,其寿命周期也是各不相同的,体育场馆的体育产品和服务也是如此,因此,体育场馆在进行营销策略选择时,也应充分考虑到自身产品的特性,针对不同的服务和产品采取不同的营销策略。

通常情况下,当体育产品和服务处在诞生期或成长期时,无差别营销策略有利于体育场馆对服务产品对应的目标市场进行进一步的探索和开拓。

当体育产品和服务处在成熟期或者衰退期时,体育场馆选择差别性营销策略比较合适,这一方面有利于延长体育产品的成熟期,另一方面也有助于更进一步地开拓该产品所对应的目标市场。

三、体育场馆市场竞争采用的战略

体育场馆在进行市场竞争时的基本战略主要包括三种:成本领先战略、集中化经营战略和差异化经营战略,不同的竞争战略都有其各自的优势和缺点。

(一)成本领先战略

成本领先战略也被称为"价格竞争战略",顾名思义,就是体育场馆推出单位成本很低的标准化产品和服务为对价格比较敏感的消费者提供相应的服务。

体育场馆推出的产品价格的基础是经营成本,因此,竞争时如果选择这种战略,体育场馆应致力于降低自己产品的经营成本。

(二)集中化经营战略

体育场馆为了满足某一消费者群体的需求,会推出专门的产品与服务,这种竞争战略就是集中化战略。要想使这一竞争战略取得成效,选择正确的目标市场是十分关键的。

体育场馆的集中化经营战略指的就是体育场馆将市场进行细分之后,将自己的经营目标放在细分市场上,并针对细分市场树立起自己产品的差别优势和价格优势,从而在市场竞争中脱颖而出。在实际经营中,只有有一定规模且具有良好发展潜力的体育场馆适宜采取这种竞争战略。

(三)差异化经营战略

差异化经营战略指的是体育场馆要推出与其他体育场馆不同的产品与服务,比如可以通过服务内容、服务方式、服务对象等的不同展示出这种与众不同的特点,然后形成体育场馆自身的产品特色,形成较为理想的产品差异,从而为消费者提供独特的服务并使其获得独特的利益,继而使体育场馆在竞争中取得不可替代的优势。

第二节 体育场馆的服务营销

一、服务产品概述

(一)服务与服务产品

1. 服务

"服务通常是无形的,并且是在供方和顾客接触面上至少需要完成一项活动的结果。"这是 2000 版 ISO 9000《质量管理体系基础和术语》从产品的角度对"服务"一词做出的定义。这个定义表明了服务事实上是产品的一种,也表明了产品和服务之间的关系。

目前,理论界对"服务"还没有达成一致的定义,但是服务的不可感知性特征是理论界认为的服务的最本质特征。

2. 服务与服务产品的关系

服务与服务产品不是相互对立的,两者相互联系、相互交融。服务的实现需要有形产品形式,有形产品中也存在服务的成分。而服务产品一方面包含了有形的要素,另一方面还包含了无形的要素。服务产品在发生交换的过程中,只是部分要素的所有权发生了改变,其他部分的要素只是使用权发生了改变。

(二)体育服务产品

1. 体育服务产品的概念

体育服务产品指的就是体育服务组织依托体育场馆、体育服务设施设备、服务方式、服务手段、服务环境等物质条件向消费者提供的有形产品及无形产品交付过程的结果。

2. 体育服务产品的分类

消费者在体育场馆进行的体育产品的消费其实是一种过程性的消费。

以同一个体育服务产品是否能为多个消费者提供服务而不影响服务的质量为依据,可以将体育服务产品分为两类:一类是具有显著个性化的"过程化服务";另一类是个性化程度不强的"过程化服务"。

二、体育场馆服务营销的特征

体育场馆的服务产品的营销与其他有形产品之间的营销是有差别的,具体来说,体育场馆服务营销的特征主要体现在以下几个方面。

(一)服务产品具有外延性

消费者在体育场馆进行消费的不是一般的有形的物质产品的消费,而是通过在体育场馆进行娱乐健身而获得的一种综合产品。从这个角度来说,体育场馆的服务产品是有一定的外延性的,这种综合产品一般包括三个部分,具体如图7-1所示。

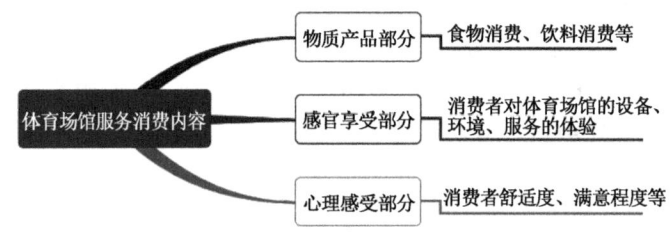

图7-1　体育场馆服务产品的消费内容

从本质上来说,消费者对体育场馆的服务产品质量的评价就包含对以上三个部分的综合评价。

(二)服务过程具有互动性

体育场馆服务的特征之一就是消费者会主动参与到服务的生产过程,体育服务产品消费过程的任何一个关键环节都会涉及消费者和体育场馆服务人员之间的相互作用。

体育场馆的服务人员和消费者之间是具有互动性的,在对消费者进行服务的过程中,服务人员的服务态度、素质水平等会对消费者获得的消费体验和服务效果产生十分重要的影响,而消费者个人的行为特点与体育场馆产品服务效果的达成之间的关系也是密不可分的。因此,在服务过程中具有互动性的两方(消费者和服务人员)是体育场馆服务产品营销管理的重要方面。

三、体育场馆服务营销的策略

(一) 服务差异化策略

服务差异化策略指的是体育场馆能够创造出一种能被消费者感受到的独特的服务。这种差异化可以通过多种途径来实现,比如体育场馆的品牌形象、技术、特性等。体育场馆把服务当作产品是建立在消费者观念的基础上的。由于不同的消费者个性行为特点是不同的,其在不同的时间和不同的外部环境条件下需求也会有所不同,这就造成了体育场馆所提供的服务不能让所有的消费者都达到较高的满意程度。在这种情况下,体育场馆的管理者应做到投其所好,先应该对各种消费者的个性进行分析,再根据分析的结果对消费者的个性需求做出有针对性的改变,只有这样才能充分满足消费者的个性化需求。

服务差异化策略虽然能够最大限度地满足不同消费者的个性化需求,但是也存在一定的弊端,其中,最主要的弊端就是会增加体育场馆的运营成本。在这种情况下,体育场馆的经营管理决策者就要处理好服务质量与经济效益之间的关系,尽量能够构建出能够平衡服务和效益的经营服务模式。

(二) 服务实体化策略

体育场馆的服务产品虽然是一种客观存在,但是也是一种无形的服务,这种服务产品需要消费者借助服务环境中的有形事物才能感知得到,消费者对服务产品进行的评价也是在这种感知的基础上进行的。"服务实体化策略"就是体育场馆利用服务过程中可以向消费者传达的服务特色和内涵的有形展示手段来辅助服务产品的推出。

在具体的实践中,体育场馆要在充分满足消费者基本需求的基础上,要采取其他手段和措施让消费者产生更好的服务体验,从而提升体育场馆服务的满意度。一般情况下,提升消费者满意度的措施有以下两点:第一,改善体育场馆服务人员的服装,以此来提升服务的附加值;第二,提升体育场馆服务人员的社交技能,从而改进服务的社交要素。

(三) 服务延伸化策略

体育场馆的服务人员与消费者之间具有互动性是服务营销的基本特征,而这种特征是一种长期的、非一时的。有调查研究表明,相较于体育场馆的老顾客来说,新顾客可以给体育场馆带来更多的利润,因此,体育场馆应努力培养固定的消费群体。鉴于此,体育场馆的管理者应对场馆本身的服务内涵进行扩展和延伸,从而为消费者提供更全面的售后服务,这有利于体育场馆维护自身与消费者之间的关系。

四、体育场馆服务的现场管理

体育场馆现场的服务水平能直观地反映整个体育场馆的服务质量,因此,体育场馆应该加强体育场馆服务的现场管理,具体要做以下几个方面的工作。

(一)加强与消费者的交流

"顾客就是上帝",在体育场馆的运营管理中,服务人员应该对进入场馆的人都做到热情招待,加强与消费者的交流,并且能够认真地倾听消费者的需求以及其对体育场馆的意见和建议,尽力使每一个消费者都能在体育场馆得到满意的服务。

(二)科学控制服务标准

体育场馆的管理者应制定合理的服务标准,并应定期或不定期地对下属部门或者服务岗位的工作进行巡查监督,这不仅能有效地监督服务人员的工作,也能对工作中出现偏差和失误及时地进行纠正和弥补。

(三)对重点服务特别关注

在体育场馆的运营过程中,要抓住服务的重点,分清服务工作的主次,具体来说应该做好以下工作:

第一,对于对体育场馆来说比较重要的顾客,要通过高标准、高规格的服务来保证接待服务的水平。

第二,对于在体育场馆有过投诉的消费者,服务人员应该为其提供更加贴心的服务,努力地改变消费者对体育场馆的排斥态度。

第三,对于比较难伺候的消费者,服务人员应该尽力为消费者提供帮助和指导,努力做好各项服务工作。

第四,对于身体有缺陷的消费者,服务人员不仅不能对其有所怠慢,反而要适当地对其进行恰当的特殊照顾。

(四)恰当处理消费者投诉

在体育场馆的运营过程中,难免会出现消费者投诉的现象。而每个消费者的性格不同,他们在表达自身诉求或者不满时也会采取不同的方式:有的消费者会文明地对场馆内的服务人员表达自己的不满,有的消费者可能因情绪激动等原因会采取不文明的或者是野蛮的方法来表达自己的不满,甚至有的消费者直接跳过表达的步骤采取其他粗鲁的方式来进行维权等。体育场馆的服务人员无论遇到哪种类型的消费者投诉,都应时刻注意自己的服务态度,做好表情控制、语言控制和情绪控制等,尽可能地认真聆听消费者的诉求,把握好处理消费者投诉的各种方法和技巧,尽自己最大的可能去降低、控制或消除消费者的不满情绪。

(五)高效进行人员调度

体育场馆的服务通常情况下会采用分岗位分区域负责的制度,这是为了能更好地划分体育场馆服务人员各自的职责。但是,消费者在体育场馆内活动的时间一般不是规定的,他们的分布也没有固定的规律,那么为了提升体育场馆的服务质量,体育场馆的管理者必须能够高效地对人员进行合理的调度,并且能及时明确服务人员的服务分工。除此之外,体育场馆内消费者的活动具有明显的高峰期与低谷期,对应时期对服务人员的需求也是不同的。因此,体育场馆的管理人员要合理安排服务人员的调休,这一方面能够提升服务的质量,另一方面也能降低一定的劳动成本。

第三节 体育场馆的赛事营销

举办体育赛事是体育场馆重要的业务之一,也是体育场馆提升知名度、吸引消费者的有效有段。而赛事营销是体育场馆举办赛事的前提,体育场馆想要获得更多举办赛事的机会,就要做好营销工作。

一、体育赛事的相关阐述

(一)体育赛事市场的构成

将体育竞技作为主题,不经常举办的或只举办一次的、具有一定的期限的活动就是体育赛事。当分类标准不同时,体育赛事的类别也是不同的,体育赛事的分类具体可见表7-1。

表 7-1 体育赛事的分类

分类依据	分类
赛事包含的运动项目的数量	综合性赛事
	单项赛事
赛事影响的范围	世界体育赛事
	洲际体育赛事
	国际性比赛
	全国性比赛
	地区性比赛
赛事的性质任务	锦标赛(杯赛)
	对抗赛
	邀请赛
	选拔赛
	表演赛
参与主体的不同	观众型体育赛事
	运动员型体育赛事

体育赛事市场中的利益相关者包括运动项目管理机构、体育行政管理部门、赛事举办地政府、赛事承办组织、赛事赞助商、赛事参与者、媒体、观众等,这些都是体育赛事市场的重要组成部分,这些利益相关者通过三重交易,共同构成了体育赛事市场,体育赛事市场的三重交易如下:第一重交易是赛事拥有方将赛事的主办权转让给赛事举办机构,举办机构获得主办权的方式有申请主办权、利用市场交换、直接被行政性安排;第二重交易是赛事的主办方将赛事的广泛传播与观众的注意力作为筹码,从而赢得赞助商的支持;第三重交易是观众为了观看比赛而付出的代价。体育赛事市场结构图如图7-2所示。

第七章 体育场馆的运营实施

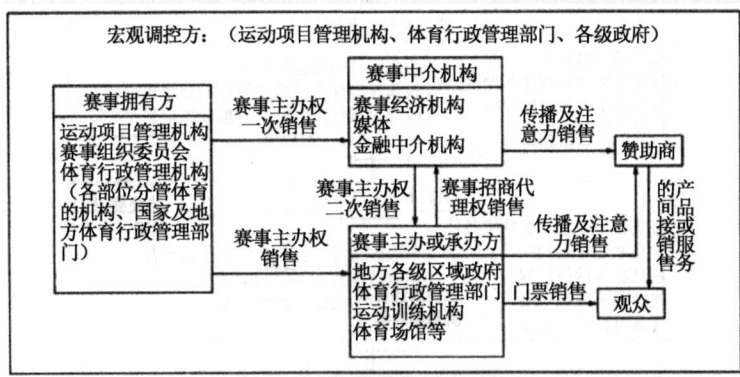

图 7-2 体育赛事市场结构

(二)体育赛事引进渠道和流程

体育场馆想要举办更多的赛事,获得赛事举办权,就必须经过申请与备案程序,必须找到引进渠道,走正确的引进流程。

1. 体育赛事引进渠道

体育场馆要举办体育赛事,需要向体育赛事拥有方提供赛事招标书或体育赛事可行性认证,以进行体育赛事的申办。体育赛事申办的类型有三种,分别是征询申办、购置申办与竞争申办。一般而言,国家或国内体育赛事的申办需要由政府或行政机构提出承办申请,基层单位自行组织的代行体育赛事需要向自身所在的体育行政管理部门提交申办材料。

体育场馆要获得体育赛事资源,主要渠道有以下几个:第一,体育场馆可以和地方体育行政部门、运动项目管理机构等合作,以获得体育赛事资源;第二,体育场馆可关注地方体育行政部门等的赛事信息,如发现这些部门有举办赛事的倾向,可积极参与;第三,体育场馆可以和民间体育组织合作,以获得体育赛事资源;第四,体育场馆可以从国际体育组织或体育赛事中介机构手中购买体育赛事承办机会;第五,体育场馆可以主动为企业、民间体育组织等定制体育赛事。

2. 体育赛事引进流程

体育场馆引进体育赛事需要有规范的引进流程,体育场馆主动寻找的体育赛事与被动等待的体育赛事,两者的引进流程是不同的,如图 7-3 就是体育场馆主动寻找体育赛事时的引进流程,也是需要举办地城市出面进行申办的体育赛事的流程。

理论与实践:体育场馆的运营管理

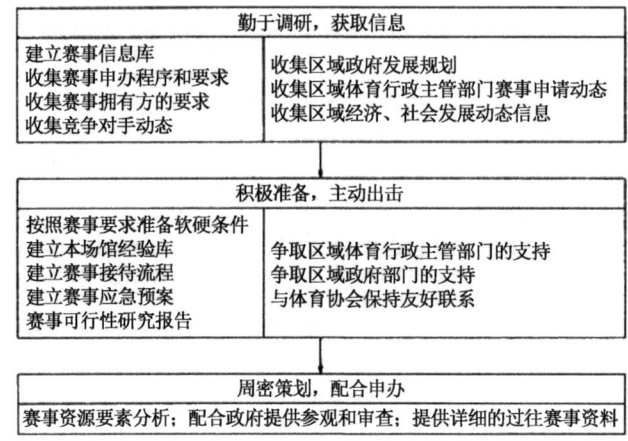

图 7-3 体育场馆主动引进体育赛事的流程

对于体育场馆被动等待的体育赛事,其引进流程主要包括以下几点:

首先,体育场馆在多渠道发布自己的信息,以吸引赛事拥有方的注意。体育场馆可以通过制定宣传手册、参加赛事交易会、进行网络宣传等方式,向外界介绍自身的特色、资源优势、承办赛事的经验等,以吸引赛事拥有者的注意。

其次,体育场馆要统筹安排各种赛事和活动。体育场馆要对各种赛事的时间进行合理安排,要做到承办的赛事或活动不会减少,也不会过多。同时,体育场馆也要对每一场赛事或活动留出场地准备时间和清场时间。

再次,体育场馆要做好赛前评估工作,赛前评估包括对财产的评估、对体育赛事举办地的经济影响与社会影响的评估。赛前财产评估即将体育赛事看作一个独立的财务系统,从而分析体育场馆在赛事生命周期中的成本和收入情况;体育赛事对举办地的社会影响主要有体育赛事对城市投资环境的影响、体育赛事对城市形象的影响、体育赛事对消费的影响。体育赛事对举办地的社会影响主要是体育赛事对举办地的社会心理、社会价值观、社会政治等带来的影响。

最后,体育场馆如决定承接体育赛事,就要签订合同,赛事合同的内容包括赛事名称、赛事报价、权限划分、利润分配、违约处理等。

(三)体育赛事的执行

体育赛事的执行可以分为三个步骤,即体育赛事启动、体育赛事计划、体育赛事实施。

1. 体育赛事启动

在体育赛事的启动阶段,体育场馆的主要任务是全面、系统地评估并论证体育赛事涉及的领域、环境情况、融资措施等问题,从而确定体育赛事的投资价值和要求的技术条件。

2. 体育赛事计划

(1)体育赛事计划的内容。

体育赛事计划的内容主要有以下几点:第一,要做好体育赛事的前期、中期、后期的时间与人员安排;第二,体育场馆要根据体育场馆的实际情况来计算预期收入,并依据预计收入制订财政计划与开支计划;第三,要制订工作计划,并与参与活动的所有人员确定、核实工作计划,同时要将每个部门的计划进行汇总;第四,要考虑到可能会出现的偶发事件,并制定出应急预案,要将应急预案写在总计划中。

(2)体育赛事计划流程图。

体育赛事计划流程图可以用甘特图表示,甘特图是一种线条图,横轴指的是事件,纵轴指的是具体活动,借助甘特图,人们可以直观地看出计划开始与结束的时间。图7-4为某体育赛事计划甘特图。

任务名称	负责部门	1月	2月	3月	4月	5月	6月	7月	8月
开始	筹备会	■							
可行性研究	筹备会		■						
任命委员会	组委会		■						
下级委员会	组委会			■					
选择场地	场地保障部			■					
志愿者招募	人力资源部			▬▬▬▬▬▬					
发报名表	竞赛部			■					
开闭幕式活动	大型活动部			▬▬▬▬▬					
吉祥物、会徽等征集	市场部			▬▬▬					
赛事宣传	宣传部			▬▬▬▬▬▬▬					
市场开发	市场部			▬▬▬▬▬▬					
报名截至	竞赛部				■				
安排裁判员	竞赛部				■				
注册	竞赛部					■			
接待及礼遇安排	后勤保障部						▬▬▬		
销售门票	市场部					▬▬▬			
制证治安	安保部							■	
开幕式	大型活动部							■	
赛事期	竞赛部							■	
赞助商客户服务及维权	市场部							■	
闭幕式	大型活动部							■	
清场结算	组委会							■	
汇报和评价	组委会								■

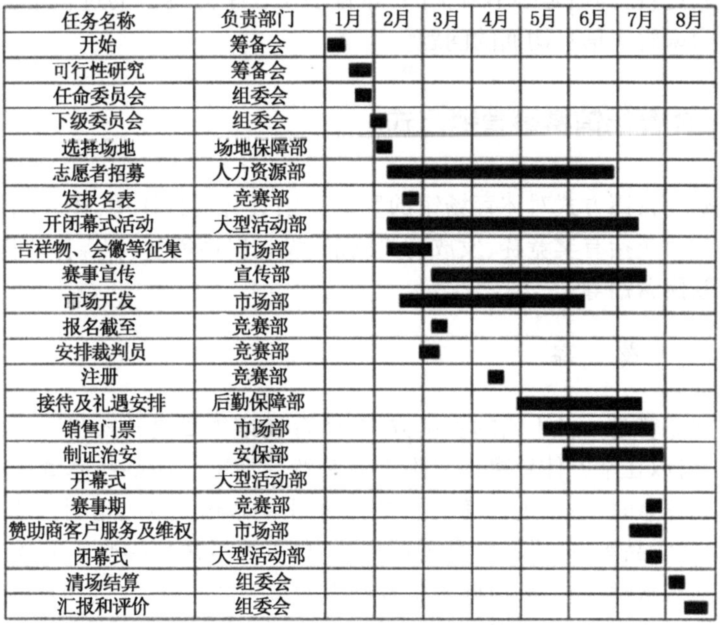

图7-4 某体育赛事计划甘特图

3.体育赛事实施

在体育赛事的实施过程中,体育场馆需要做好以下工作:人力资源管理工作、赛事后勤工作、礼遇安排工作、宣传和信息沟通工作。

(1)人力资源管理工作。

体育场馆的人力资源包括赛事内部管理者、赛事外部合作者、赛事产品实现者、赛事产品消费者,体育场馆人力资源的管理就是对这些人的管理,主要的管理工作可分为两类:一是制定人力资源管理战略目标,并依据目标来进行任务分析;二是招募、培训、评价相关人员与志愿者。

(2)赛事后勤工作。

赛事的后勤工作即对消费者提供产品供给和对赛事所需的产品、设备、服务等提供保障,如交通安排、场地布置、比赛设施准备、通信安排等。

(3)礼遇安排工作。

礼遇安排工作指的是对不同身份的人员的接待,主要包括住宿安排、饮食安排、交通安排等。

(4)宣传和信息沟通工作。

宣传工作指的是体育场馆为了进一步提升自身品牌价值或回报赞助商而对体育赛事进行宣传。体育赛事的举办通常是由多部门合作,要保障赛事的顺利进行,沟通是必不可少的,体育场馆在举办赛事的过程中,要建立信息平台来解决信息沟通的问题。

二、体育场馆赛事营销方式

正确的营销方式对体育场馆的赛事营销具有促进作用,体育场馆赛事营销的方式包括有奖竞赛、发放有奖赠品、设计促销创意、和媒体协作营销、利用互联网营销等。

(一)有奖竞赛

有奖竞赛是一种不错的营销方式,体育场馆想要提升知名度与赛事的影响力,可以在举办体育赛事时附加有奖竞赛活动。如某些体育比赛开始前或中场休息时,可以进行随机抽奖,向抽出的幸运观众赠送明星球员的签名照、免费食品等,如果赛事会进行直播,也可通过短信抽奖等方式向被抽中的直播观众赠送礼物,以此来提升赛事的影响力。需要注意的是,在进行有奖竞赛时要注意奖品的选择,奖品过于贵重,体育场馆的成本就会增加,奖品过于平常,对观众的吸引力也就较小,就很难达到理想的营销效果。

（二）发放赠品

向观众发放赠品能够提升观众对赛事的兴趣，增加门票收入。体育场馆要想使发放赠品的营销方式取得不错的效果，就要做好以下几点工作：第一，要充分了解观众的情况与喜好，并以此为依据选择能够吸引观众的赠品；第二，和媒体、赞助商等进行协商，制定出最为有效的发放赠品的策略，如在某场比赛中发放短袖，穿着此款短袖的球迷买另一场比赛的票时可以得到折扣；第三，对赠品发放活动进行宣传，通过网络、广播、电视广告、张贴海报等方式宣传赠品发放活动。体育场馆发放的赠品可以是带有赛事标识的运动水杯、卡贴、钥匙扣等，也可以是具有收藏意义的卡通玩具、汽车模型等。

（三）设计促销创意

优秀的促销创意能够有效激发观众观看比赛的热情，下面是一些比较具有创意的促销活动：第一，秃头之夜促销活动，秃头之夜是华盛顿大学的教练迈克·贾维斯在执教期间推出的一项促销活动，规定在某一天所有秃头的人都可以免费参加篮球比赛；第二，组织假日主题活动，如为了庆祝某个节日，某冰球队将比赛冰面都染成了绿色，并称比赛当天场馆中衣着最绿的人可以获得"一罐幸运的金子"，这次宣传活动使该比赛的门票在两个小时就售空了。

当前，体育场馆使用较多的促销创意有以下几种：比赛结束后，胜利者向观众赠送帽子、球拍等；在比赛开始前为观众发放胸针、卡贴等物品；每张门票赠送一张奖券，观众进场后可以凭借奖券领取免费食品和饮料；凭借之前购买的比赛门票，可以获得之后场地比赛的折扣票。

（四）和媒体协作营销

和媒体协作营销是一种有效的营销方式，媒体在进行赛事宣传、提升体育场馆知名度等方面具有重要的作用，体育场馆与媒体协作进行营销能够有效提升营销的效果。体育场馆与媒体协作营销时需要注意时间、时机和记录次数，其中时间即体育场馆和媒体搞好关系需要用到的时间；时机即体育场馆要在最合适的时间和媒体联系；记录次数包括可以在比赛的前、中、后阶段任何能引起媒体注意的宣传或活动。

（五）利用互联网营销

利用互联网进行营销同样是一种不错的营销方式。互联网营销的关键是合适的网址、丰富且更新及时的内容、便捷的网站、适合访问者的内容、加载迅速的网页等。要进行互联网宣传,相关网站的内容必须有较强的吸引力,要有文字、图像、视频等多种宣传形式;网站的设计要简洁、明确、美观,操作要方便;网站的目录不能太过复杂,最好少于四级。

第四节 体育场馆的社会化服务

体育场馆的社会化服务不仅是我国大力开展全民健身运动的需要,而且是加快我国公共体育事业发展的必要要求。

一、体育场馆服务于社会的形式

随着社会经济的不断发展,一方面人们的生活水平不断提高,另一方面人们在日常的工作和生活中也受到了各种压力,因此,很多城市居民开始投入到体育健身的行列。但是,现有的体育场馆并不能满足人们的健身需求,这阻碍了人们进行体育活动的积极性。下文将从高校体育场馆的角度对体育场馆服务于社会的几种具体形式进行介绍。

(一)政府推动制

目前,国家体育总局与教育部已经开始在全国推行高校体育场馆向公众开放的政策,并已付诸实践,此外,国家还要求试点区的政府向试点高校资助健身器材,且一次性资助金额不得低于2万元。国家首批"全国高校体育场馆向社会开放试点区"已经被正式命名,首批开放试点城市有北京、上海、长春等共7个城市。

政府部门通过和高校建立体育场馆的开放与合作机制,实现了政府对体育场馆的推动作用。部分城市的教育部门和体育部门一同建立了高校体育场馆管理社会化的导向、激励和惩罚机制,高校也会结合自身的实际情况制定一定的激励机制,这些都有利于体育场馆向社会公众开放工作的落实。

(二)体育俱乐部制

高校体育场馆可以依托社会上的体育俱乐部来实现对外开放。体育俱乐部可以充分利用高校的体育人才与体育场馆等资源,在高校的假日或闲暇时间组织开展各种内容丰富的体育活动,以此吸引高校周边学生、社区居民等来此进行体育锻炼。俱乐部可以采取的管理方法主要有:将高校体育部作为依托,将高校体育教师作为管理和培训的主要人员,再适当聘请部分校外专业的教练员和场馆管理人员。此外,由于俱乐部多是实行会员制,俱乐部可以通过登记的会员情况来制订活动计划、安排会员锻炼和一些比赛等;俱乐部还可以通过广告、承办或协办体育活动及赛事来宣传,以此来使俱乐部的会员数量增加,活动规模增大。

(三)社区活动制

高校体育场馆要想服务于社会,就要免费向社区开放。在不影响高校正常教学和开展体育活动的前提下,高校与社区居民委员会可以相互协商,统一制定体育场馆的管理方法,例如体育场馆的开放时间、方式,双方拥有的权利和应该遵守的义务等,通过对双方责任的划分,让学校附近的居民能够更好地在高校进行体育锻炼。一般来说,高校应该完善值班制度,设置专人对体育场馆进行管理。对于免费开放的设施要有明显的标识且不得出租、转让等,若是部分设施需要另行收费,其收费标准不能以营利为目的。同时,高校要鼓励教师发挥自己的特长来为社区服务。对于社区委员会而言,他们的职责主要是了解居民的实际需求,并将这些需求反馈给高校,协助高校一同组织和管理好体育场馆的相关工作。同时,社区委员会要教育居民爱护好场馆中的各种设施,注意自身运动安全,服从管理,解决好居民和高校之间可能出现的矛盾纠纷等。

(四)委托管理制

虽然教育、体育行政部门强调了要让高校体育场馆向社会开放,但较多高校并未向社会开放,其原因主要包括以下两点:第一,高校没有足够的精力去做开放工作,他们担心自身体育教学工作无法正常开展;第二,高校担心一旦将体育场馆对社会开放,场馆中的设施设备等会遭到损坏。高校认为,如果要将体育场馆向社会开放,就需要有负责任且值得信赖的机构对体育场馆进行管理,在这种情况下,一些体育活动中心就利用自身的场馆管理人才优势,和高校进行合作。双方经过协商会签订体育场馆的委托管理协议,体育活动中心会向高校做出放心承诺,通过实行连锁管理、资源共享来满足市民的健身运动需要,这样就可以使体育场馆获得良好的社会和经济效益。

二、体育场馆管理体制改革的必要性

我国体育场馆管理体制改革的主要动因包括以下四个方面。

(一)建立公共体育服务理念的需要

以高校体育场馆为例,我国大部分高校体育场馆都属于国有资产,所以各高校体育场馆管理是具有公共服务属性的。那么,高校体育场馆及其设施的社会效益就是第一位的,需要承担起人民群众的健身锻炼责任。总体而言,体育场馆管理体制改革的思想基础就是要树立公共服务的理念,根据市场经济的客观规律,不断强化公共服务,为社区群众提欧共各种公共体育产品与服务。同时,各级政府部门要不断加强相关制度建设,加大对公共体育设施设备的资金投入,提高体育场馆向公众开放的力度,尽可能地向公众提供更好的社会公共体育服务。

(二)由行政管理向服务市场导向转化的需要

以高校体育场馆为例,我国传统的体育场馆管理体制是政府主导型,而随着社会主义市场经济体制的发展,需要对旧的管理体制进行不断改革,其主要原因有两点:一是政府公共体育服务能力不强,没有完善的公共政策和法规;二是政府管理存在"垄断"的行为。体育场馆管理体制改革的核心就是权限的划分,要重点开放各个事业单位的体育场馆,提高其使用效率,使社区居民获益,具体可以对以下两个方面进行改革:第一,由社会自治组织负责体育场馆的管理工作,将这项管理工作从社会组织中分离出去,使社会的民主自治能力、自我管理与服务能力得到提升;第二,加强政府和社会组织的合作,推进社会组织体育场馆服务于社会的实践,实现双赢发展。

(三)社区居民对体育场馆的需求

随着人们生活水平的不断提高,健身已经成为社区居民的普遍需求,但是目前我国用于健身的体育场馆远远难以满足人民群众的健身需要。体育场馆的建设和规划是体育场馆向社会开放的基础和前提,人民群众对体育场馆管理体制改革的呼声愈发强烈。因此,我国必须加快体育场馆管理体制的改革,提高体育场馆的运营质量与运作效率,改善人民群众的运动条件,进而为人民群众提供高水平、高质量的体育服务配套设施,满足其体育健身需要。

（四）体育场馆运营模式向俱乐部模式发展的需要

体育场馆的使用和服务都是以锻炼者参加体育活动的时间为中心的，除了比赛、训练外，目前体育场馆的开放运营主要采取了以下三种方式。

1. 控制式开放

体育场馆管理者按照管理条例，有控制地开放那些半封闭或全封闭的体育场馆。这部分场馆由于主要用于竞赛、训练和项目教学，其设施通常维护得比较好，场地的使用的效率不高，这一方面难以满足人们的健身需求，另一方面也造成资源的浪费。

2. 自由式开放

部分体育场馆面积大，设施不全，再加上建设场馆时的经费原因等，最终造成这些体育场馆的管理难度很大，只能全天开放使用。具体来说，这些体育场馆没有专业的管理员对场馆进行管理，很多都是临时工担任，这导致场馆的服务质量和水平都达不到应有的要求。此外，部分锻炼者不能做到自觉爱护场馆中的设施。这都对场馆造成了很大的破坏。

3. 收费式开放

对于部分消耗成本高且深受锻炼者喜爱的项目，可通过有偿服务的方式实行专人管理，这种规范化管理一方面可以减轻体育场馆的负担，另一方面也使很多自由式开放的场地得到封闭与维护，这从总体上而言有利于体育场馆中的硬件设施的建设和发展。

目前，我国还有很大一部分体育场馆的社会化服务的管理方式处于原始的管理水平，要想真正实现体育场馆的社会化服务，其运营模式就要朝着经营服务型的多功能方向转变，这样才能满足社会发展与全面健身的需要。

三、体育场馆社会化服务管理的基本思路

我国必须高度重视公民健身的权利，树立体育场馆社会化服务的理念，在该理念的支撑下，再加上体育场馆社会化服务体系的保障作用，我国体育场馆社会化服务就可以开创出新的局面。体育场馆社会化服务管理的基本思路主要包括以下几个方面。

理论与实践:体育场馆的运营管理

(一)建设体育场馆社会化服务机构

随着全球经济一体化以及我国体育产业立体化,以高校体育场馆为例,高校要积极寻求对外合作,通过利用其自身的资源优势,努力提高体育场馆社会化服务的特色化与专业化水平,扩大高校体育场馆的社会化服务。首先,高校要勇于突破区域性、行业性界限,适当放宽市场准入,提高高校体育场馆社会化服务的开放程度,打破所有制与行业垄断,从而促进体育场馆社会化服务的新发展。其次,高校要制定科学合理的体育场馆社会化服务发展规划,提高专业化水平,建设起一批社会分工明确、配套服务完善、经济运行独立的体育服务机构。最后,高校要和社会各部门加强横向联合,建设一批具有高校特色的体育社会化服务机构。

(二)体育场馆与社区的合作运营

以高校体育场馆为例,为了实现双赢,体育场馆可以加强与社区之间的互动,实行合作运营模式。在高校体育正常教学秩序与社区安全得到保证的前提下,建立其高校与社区的互动发展机制,做到体育场馆开放的制度化,实现规范化管理。高校要积极探讨资源开放的形式和途径,通过资源整合来提高高校体育资源的使用效率。高校体育场馆的开放可以采取以下三种管理模式:第一,非市场化运作,即高校主要依靠来自国家、社会的资金投入,通过较低的收费来为社区群众提供服务;第二,半市场化运作,即高校在依靠国家、社会资金投入的同时,通过自主经营,以准经营型管理模式来提高自身的发展能力,以更大的力度向社区群众提供服务;第三,市场化运作,即以市场为导向,对高校经营型体育俱乐部实行市场化管理,允许高校以独立法人的资格加入体育行业协会,以此加强其与群众组织之间的联系和相互协作,同时也可以利用高校自身的技术和场地优势协助社区开展各种群众性体育活动。

(三)健全体育场馆社会化服务管理机制

体育场馆社会化服务管理机制的健全必须依靠体育社团与各行业体协的协同努力,我国体育场馆管理体制改革的必然要求是走社会化和行业化发展道路,这既符合体育运动自身的发展规律,也是解决我国体育产业发展中所面临问题的重要途径。体育场馆社会化服务要坚持以人为本,要为社会提供最基本的公共产品与服务,而加强体育场馆社会化服务的管理职能是健全体育场馆社会化服务管理机制的最根本途径。体育场馆社会化服务

第七章 体育场馆的运营实施

管理机制的构建主要包括以下几方面内容:第一,协商机制,即针对体育场馆的开放,合作双方要互相协商,通过议案后方可实施;第二,责任机制,即针对体育场馆的开放,合作双方要签订"契约",同时要认真履行其内容;第三,激励机制,即通过将业绩考核的结果进行公开、对业绩完成优秀的组织进行表彰和物质奖励等;第四,利益机制,即体育场馆的开放需要使参与的各方都可以共享"开放"的收益,以此使各方形成合力,进而推进"开放"的进程;第五,仲裁机制,即审理和仲裁违反"契约"的行为,同时要保证相关人员和部门对仲裁的结果能够无条件接受,并尽快实施。

(四)制定相关政策与保障措施

体育场馆社会化服务要想实现预期的效果,就必须制定相关的政策和法规框架。有关部门要将引导人民群众体育健身当作政策的基点,建立起系统完善的体育场馆社会化服务政策,如税收政策、财政投入政策、社会集资政策等,形成多层次、全方位的政策体系。与此同时,要建立有效的监管机制,规范体育场馆开放机构的职责与服务价格,制定体育场馆向社会开放的实施办法,确定消费者、监管机构、中介组织等各个参与主体的责任、义务和权利,使体育场馆的运营有章可循。

第八章 体育场馆的智能化发展新方向

体育场馆智能化是体育场馆发展趋势和新方向。本章分别阐述了体育场馆专用系统智能化、体育场馆火灾防范系统智能化、体育场馆停车管理智能化、体育场馆安全防范智能化,将从这四个方面来仔细讨论体育场馆智能化发展的新方向。

第一节 体育场馆专用系统智能化

体育场馆的专用系统即区别普通建筑系统的专用系统,是一种体育场馆特有的能够满足体育场馆举办、转播、报道比赛所必需的专用系统。体育场馆专用系统包括多个子系统,有售验票系统、屏幕显示及控制系统、计时计分系统。

一、售验票系统

(一)售验票系统在体育场馆中的重要性

体育场馆属于大型公共建筑,是公众活动的场所,也是城市的标志性建筑,在体育场馆举行比赛活动时,需要凭票进入,因此对体育场馆而言,售验票系统是必不可少的。体育场馆的人员聚集具有阶段性,人员成分具有多样性,建筑物入口具有分散性,其社会影响也具有重要性,而这些特征也就综合体现出了体育场馆的售验票系统的重要性。

第一,体育场馆的人员聚集有阶段性指的是体育场馆的人员出入相对集中,而体育活动进行的时间也相对较短。如在一场比赛的开赛前30~90分钟,进场的人数不会大于50%,这一时间段检票口陆陆续续会有人进入,但并不会造成拥堵;在开赛前的30分钟到开场后的10分钟,会有50%的观众集中进场,这样就会造成检票口的拥堵;在开赛后到散场前的30分钟,检

第八章 体育场馆的智能化发展新方向

票口出入的人数不超过10%；比赛结束前的30分钟到比赛结束后的60分钟之内,从检票口退出场馆的观众会达到95%,这就会造成检票口拥堵。体育场馆具有了完善的售验票系统,就能够有效解决人员进出高峰期检票口拥堵的问题,给观众带来较好的体验。

第二,人员成分的多样性指的是到体育场馆的人员是多种多样的,有青年人、中年人、老年人,有企事业单位、学校团体、自发的球迷组织,还有残疾人等,体育场馆的售验票系统要能够满足不同人员的需求,为其提供个性化的服务。

第三,体育场馆通常有多个入口,观众也会从不同入口进入,这就要求体育场馆的检票设施能解决好网络数据传输的距离问题。

第四,体育场馆作为一个公共场所,具有一定的社会影响力,体育场馆售验票系统、服务设施等的好坏是人关注的重点,会影响相关管理机构的形象,还会影响社会的和谐。

（二）售验票系统在体育场馆中的应用

体育场馆的售验票系统的运作流程主要包含票据输入、票号上传、结果回传三个步骤,这也是售验票系统在体育场馆中的具体应用。

第一,票据输入。票据输入指的是在开始检票之前将已经发售的门票从网络售票展或者本地售票处下载到主控单元,假如有的观众在检票时临时购买门票,所购买的门票也能够被实时下载到主控单元,售票数据到主控单元后,主控单元会将信息下载到检票系统中,这样就能够进行检票了。

第二,票号上传。票号上传指的是本地控制单元读取持票人的票根,并将其与保存在系统中的名单进行对比,如对比符合,门闸就会开启,如果对比不符合,门闸就会报警。

第三,结果回传。结果回传即本地控制单元把信息传给主控单元,主控单元将收到的信息和之前保存的名单进行对比,并将持票人的操作过程记录下来,随后进行采集、上传。

二、屏幕显示及控制系统

（一）屏幕显示功能需求

体育场馆的屏幕显示屏需要具有的功能有信息发布、多格式兼容、播放

理论与实践:体育场馆的运营管理

控制、音视频实时播放等。

1. 信息发布

信息发布是体育场馆屏幕显示的基本功能,显示屏要能够发布、插播比赛成绩、活动信息、广告等,要能够显示各种时间信息,可以准确显示时钟、比赛计时、倒计时读秒等。

2. 多格式兼容

能够兼容多种格式也是体育场馆屏幕必备的功能,体育场馆接收的播放信号来源较多,文件的格式也较多,因此体育场馆屏幕显示系统要具有兼容多种格式的功能,可以实现在视频图像上叠加文字、图片、动画等。

3. 播放控制

体育场馆中的屏幕除了要播放实时的图像信息,也要用到一些播放技巧和特技效果,这就要求屏幕显示系统具备全景、特写、慢镜头等功能。

4. 音视频实时播放

音视频的实时播放功能同样是体育场馆屏幕显示与控制系统必须要有的功能,体育场馆的屏幕显示和控制系统不仅要能够实现实时转播现场视频图像,还要能够转播现场的有线和卫星电视节目,并且要实现声像同步。

(二)屏幕显示屏选型和安装需求

1. 选型指标

在选择显示屏时,要注意以下几个方面的内容:第一,要考虑亮度、清晰度、对比度、色度、均匀度、稳定性等一系列指标;第二,要注意屏幕显示屏的元件的选择,要重点考虑发光材料、控制驱动芯片等;第三,要考虑其控制技术是否先进,重点考察其静态锁存和视频处理能力。

2. 安装要求

体育场馆在安装屏幕时也需要注意屏幕安装的位置、视距和字符的高度,以座位上超过95%的观众、场中的运动员、工作人员等都能够看清楚屏幕上的内容为准。

第八章　体育场馆的智能化发展新方向

(三)屏幕显示屏系统结构

屏幕显示屏的系统结构主要包括三部分,即大屏显示设备、计时计分和显示设备、显示屏系统后台控制设备。

1. 大屏显示设备

大屏显示设备包括中央吊斗形组合显示屏及升降系统、观众席檐口大板牌显示屏、游泳馆显示屏等。

(1)中央吊斗形组合显示屏及升降系统。

中央吊斗形组合显示屏分为上、中、下三层:上层是环形灯箱;中层是一块 LED 显示屏和侧角灯箱,主要用来显示比赛实况、实时比分等;下层是 LED 环形显示屏,主要用来显示各种广告信息。

中央吊斗形组合显示屏的升降系统主要功能是控制中央吊斗形组合显示屏的高度,在使用显示屏时,可以将显示屏下降,而不用显示屏时,则可以将显示屏升起,避免影响现场的灯光和观众的视线。

(2)观众席檐口大板牌显示屏。

观众席檐口大板牌显示屏主要用来播放实时赛事、活动视频、插播广告和通知等,通常会设置在观众席的南北面檐口位置,以呈现出最佳的显示效果。

(3)游泳馆显示屏。

游泳馆的显示屏使用的是全彩显示屏,主要的作用是显示游泳比赛相关赛事的信息,同时也插播广告。

2. 计时计分和显示设备

体育馆与游泳馆的计时计分与显示系统是不同的,体育馆的计时计分和显示系统主要包括倒计时时钟、篮板 LED 指示灯、操作台和指示灯条、接口箱和网络设备等,其主要作用就是为比赛提供相关信息显示服务;游泳馆的计时计分设备包括计时主机、发令系统、控制工作站、计时触板、网络设备与相关软件等,其主要功能就是为游泳比赛和训练提供相关显示信息服务。

3. 显示屏系统后台控制设备

显示屏系统后台控制设备主要包括视频服务器、视频图像处理器、显示屏控制器等,其主要功能是用来进行后台视频、动画、广告等的编辑。完整的屏幕显示系统是由后台设备和末端显示屏共同构成的,两者缺一不可。

三、计时计分系统

(一)计时计分系统概述

计时计分系统是负责各种体育竞赛技术,支持比赛的数据采集和分配的体育场馆软硬件专用系统,能够将比赛的结果通过专用的技术窗口传送给教练员、裁判员、计算机信息系统、现场大屏幕显示系统等。由于体育竞赛是不可重复的,这就要求计时计分系统有较强的实时性、较高的可靠性,计时计分系统自身组成独立的采集、分配、评判、显示发布系统,能够使信息更为准确、快捷,更具权威性。

当比赛的项目不同时,使用的计时计分设备也是不同的,具体的方案要以比赛的实际竞赛规则和操作要求为依据,最终要能够准确、可靠地获取运动员的比赛成绩,并将结果展示在大屏幕设备上,使场上的评委、裁判、观众等都能够及时了解比赛信息。

(二)计时计分系统的主要功能

计时计分系统的主要功能包括以下几点:第一,能够及时、精确地完成比赛项目的信息采集、处理、传递等工作,也能够保留原始的成绩资料,以提升比赛质量,提高工作效率;第二,具有良好的用户界面与系统连接界面,且能够连接场馆显示屏、现场成绩处理系统等;第三,具有适应各类比赛现场环境条件的适应能力,能够给其他系统传输信息,同时系统的功能要强大、操作要简单、能够保障数据传输的安全;第四,具有功能齐全、构成严谨等特点,能够实现体育场馆的职能化、规模化需求。

(三)计时计分系统基础构成和技术要求

计时计分系统基础构成设备包括电子计时与计分设备、电子测量与裁判设备、技术接口设备与系统软件。

1. 电子计时与计分设备

(1)电子计时设备。

电子计时设备即在比赛中测量、处理时间的设备,计时设备对精度的要求非常高,必须要达到1/1000秒。电子计时系统可以分为两种:第一种是时段控制计时,即对有时间限制的比赛项目进行运动时间控制,要求具有控制、中断、复位时间段长短的功能;第二种是时速测定计时,即对竞速比赛项目进行计时,要求具有自动测定完成运动的时间、对时间进行比较与排序等功能。

(2)电子计分设备。

电子计分设备要求能够按照比赛的规则对参赛人员的行为最终进行测定,得出分数,提供量化的成绩数据的系统,这个系统能够将得分结果实时显示出来,并能够将结果传递给相关部门。

2. 电子测量与裁判设备

(1)电子测量设备。

体育场馆的电子测量设备必须要能够准确地测量比赛的相关环境因素,包括高度、距离、风速、风向等,从而为最终的比赛结果提供数据参考。

(2)电子裁判设备。

体育场馆的电子裁判系统是一种具有先进的技术手段且能够为竞赛裁判工作服务的电子信息设备系统,主要用在那些竞赛争夺相对激烈,在瞬间决定胜负的比赛项目,如田径、游泳等,其特点是迅速、准确,能够有效减少人为因素的干扰。

3. 技术接口设备与系统软件

(1)技术接口设备。

计时计分系统的各类不同设备与运动会技术支持的各子系统之间进行信号数据交换的界面所匹配的设备就是技术接口设备。为了实现各设备与子系统之间的互通,需要做好各种数据的交换和处理,实现计时计分设备与各子系统之间的信息交换在技术上的匹配。

(2)系统软件。

计时计分系统需要相应的软件来管理,而系统软件需要具有以下功能:第一,要能够设置比赛规则,并能够显示设置;第二,要能够随意调整显示的内容,如可以调整显示的字体与字号、调整并修改比赛的统计数据等;第三,要能够保存、修改比赛或队伍的各种信息。

第二节 体育场馆火灾防范智能化

火灾是一种危害相对严重的灾害,体育场馆具有建筑空间大、可燃物

理论与实践:体育场馆的运营管理

多、人员密集、电器设备多等特点,因此火灾隐患较大,一旦发生火灾,蔓延速度很快,同时人员也不容易疏散,这就容易造成严重的后果。另外,由于体育场馆多采用的是钢结构,在燃烧后很容易发生坍塌,且扑救难度较大,因此一旦体育场馆发生火灾,很容易造成较大的人员伤亡与经济损失。

如果体育场馆发生火灾,后果将不堪设想,因此防范火灾也就成为体育场馆管理的重点内容,而体育场馆火灾防范的智能化能够有效进行火灾防范,及时发现火情,并妥善处理,将火灾损失降到最低。

一、体育场馆火灾防范系统

(一)体育场馆火灾防范系统的组成

体育场馆的火灾防范系统主要包括火灾自动报警、消防联动两部分组成,如图 8-1 所示,火灾自动报警系统主要包括火灾探测器、手动报警按钮、区域火灾报警控制器、集中火灾报警器;消防联动部分主要包括声光报警器、火灾事故广播、消防电话、火灾事故照明、各种联动控制装置、固定灭火系统控制装置。

当体育场馆中任意区域的火灾探测器探测到火灾情况时,或者有人手动按下报警按钮时,体育场馆中的区域火灾报警器就会报警,并会将火警信息传递给集中火灾报警控制器,之后再传递给消防联动控制器,消防联动控制器就会起动火灾自动报警系统。

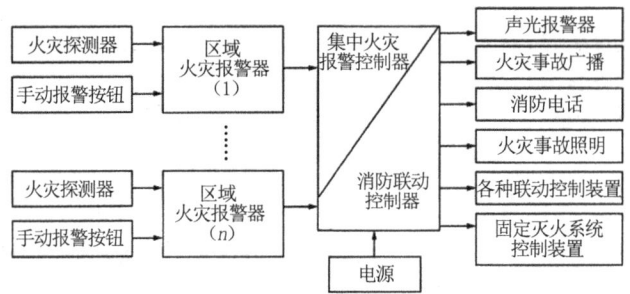

图 8-1 体育场馆火灾防范系统的组成

(二)体育场馆的火灾探测器

火灾探测器是火灾探测系统中最重要的组成部分,能够及时发现火情,因此体育场馆在安装火灾防范系统时,尤其要重视火灾探测器的选择,常用

第八章　体育场馆的智能化发展新方向

的火灾探测器有感烟式火灾探测器、感温式火灾探测器、感光式火灾探测器、可燃气体探测器与复合式火灾探测器。

1. 感烟式火灾探测器

烟雾是火灾早期的特征之一,感烟式火灾探测器就是对烟雾粒子做出响应的火灾探测器,能够将探测部位的烟雾浓度变化转化为电子信号并进行报警。感烟式火灾探测器可以分为点型和线型,点型包括离子式、光电式、电容式和半导体式,线型包括红外光束型和激光型。

感烟式火灾探测器适合用在体育场馆的厕所、走廊、楼道等位置,以防止因抽烟而引发的火灾。

2. 感温式火灾探测器

当火灾发生时,物质燃烧会产生大量的热量,感温式火灾探测器能够检测其所在区域范围的温度,并将温度变化转变为电子信号,进而报警。感温探测器可以分为点型和线型,具体分类如图8-2所示。

感温式火灾探测器常常用在起火后产生烟雾较少的场所,不能安装在温度较高的地方,可安装在体育场馆的储藏室。

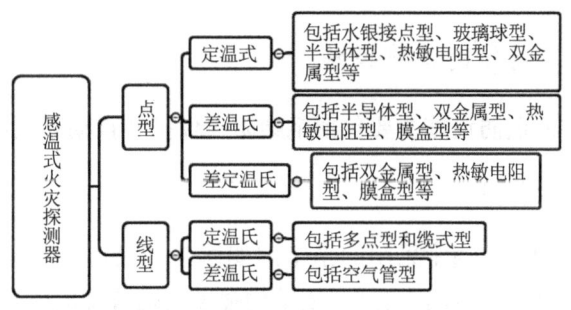

图 8-2　感温式火灾探测器的分类

3. 感光式火灾探测器

火灾发生时会产生光辐射,感光式火灾探测器能够探测火焰燃烧的光照强度和火焰燃烧的频率。当前常用的感光式火灾探测器主要有两种,一种是对波长较短的光辐射敏感的紫外探测器,另一种是对波长较长的光辐射敏感的红外探测器。感光式火灾探测器适合安装在容易发生爆炸的场所,如存放石油、炸药、烟花爆竹等物品的地方,但是体育场馆通常不会存放这些物品,因此不常使用感光式火灾探测器。

4. 可燃气体探测器

可燃气体探测器是对单一或多种可燃气体浓度响应的探测器,可以分为催化型和半导体型两种。催化型的可燃气体探测器主要是利用金属铂丝加热后的电阻浓度来检测可燃气体的浓度;半导体型的可燃气体探测器主要是利用灵敏度较高的气敏半导体元件来检测可燃气体的浓度。常用的可燃气体探测器有铂丝型、铂铑型、光电型、固体电解质型等。

5. 复合式火灾探测器

复合式火灾探测器即对两种或两种以上的火灾参数响应的探测器,常见的复合式火灾探测器包括感温感烟型探测器、感温感光型探测器、感温感烟感光型探测器、分离式红外光束感温感烟型探测器。为了能够更准确地检测火情,体育场馆可以依据自身的需求灵活选择适合的复合式火灾探测器。

二、体育场馆的防火、报警和灭火联动控制

(一) 体育场馆的消防设施

体育场馆的消防设施主要包括钢架防火保护和自动灭火设施。

1. 钢架防火保护

体育场馆的屋顶通常采用的是钢网架体系,但是钢架结构防火性能较差,具体表现在两个方面:一方面,钢结构强度会随着温度的升高而降低,当温度超过200℃,钢的强度就开始减弱,温度到达500℃时,钢的强度会减弱一半,当温度高于700℃后,钢强度几乎完全消失,因此,当钢建筑在燃烧15~20分钟后,很容易坍塌;另一方面,钢结构具有热胀冷缩的特点,遇到高温后会迅速变形,再遇到灭火的水流等冷却物质时,会迅速收缩,形成收缩张力,这就会破坏建筑结构的整体稳定性,进而造成坍塌。因此,从防火的角度看,必须要对钢网架进行防火保护,具体的措施有三种:第一,要选用耐高温的钢材料制作承重网架;第二,要在网架上涂上耐火极限值较高的薄型防火涂料,这样不仅具有防火作用,还能够使网架外形更加美观;第三,可使用薄膜材料覆盖屋架,薄膜材料可以延长网架的耐火时间,遭遇火灾后产生的次生危害比其他材料低。

2. 自动灭火设施

自动灭火设施是体育场馆中必不可少的设施,能够将火灾扼杀于萌芽之中。在体育场馆中不同的地方,要选择适合的自动灭火设施,如对于那些高度低于8米的地方,可以设置固定水喷淋系统;对于观众大厅等比较宽阔的地方,可以设置智能遥控的可远距离喷射的固定水炮系统。同时,为了使自动灭火系统更加完善,体育场馆要建立火灾模型,并对火灾模型进行分析。

(二)火灾自动报警系统

火灾自动报警系统是由触发器件、火灾报警装置、其他辅助装置组成的,是人们为了在火灾发生早期发现灾情、及时控制灾情而设置的一种自动消防设施,是当前防范火灾的有力工具。

火灾自动报警系统的原理具体如图8-3所示。火灾探测器会监视自身所覆盖范围的烟雾浓度、温度等指标,并且会将数据反馈给控制器,控制器会将收到的数据与正常的鉴定值进行比较,判断是否有火灾发生,如果控制器判断有火灾发生,会发出声光报警,并会在报警显示器上显示烟雾浓度、火灾的发生的位置等信息,也会控制火灾现场警铃响起,同时各应急指示灯也会亮起,指明疏散的方向,控制器控制灭火联动系统进行灭火。另外,火警电话和火警按钮也会触动火灾自动报警。

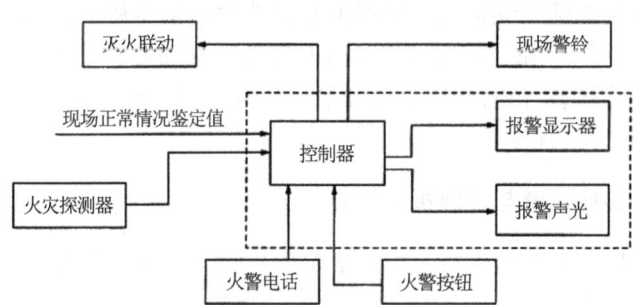

图8-3 火灾自动报警系统的原理

火灾自动报警系统的种类有很多,但是当前在工程应用中使用最广泛的系统为区域报警系统、集中报警系统和控制中心报警系统。

1. 区域报警系统

区域报警系统是在一个报警区域设置一台报警控制器,系统中的区域报警控制器不能超过三台,区域控制器要设置在有人值班的地方。

2. 集中报警系统

当需要进行火灾监控报警的区域较多或区域内报警综合控制器的数量超过三台时,就需要采用集中报警系统,区域报警系统需要至少一台集中报警器和超过三台以上的区域报警控制器,集中控制器要安装在有人值班的地方。

3. 控制中心报警系统

当工程建筑规模比较大,保护的对象十分重要时,可以使用控制中心报警系统,控制中心报警器要装在专门的消防控制室内。

(三)灭火联动控制装置

1. 火灾事故广播

在火灾发生后,为了便于人员安全撤离、通知火灾相关的事项,体育场馆需要设立火灾事故广播系统,具体来说要使用额定功率大于 5W 的扬声器,将扬声器设置在过道和大厅,每个扬声器之间的距离不能大于 25 米,过道中的第一个与最后一个扬声器之间的距离要小于 12.5 米。

2. 消防专用电话系统

消防专用电话系统是当前我国主要的消防通信手段。根据《火灾自动报警系统设计规范》的要求,消防专用电话系统必须要独立布线,不能用一般的电话线路代替,消防专用总机和电话分机之间的呼应方式应为直通的,不要有交换、转接程序。

3. 应急照明装置与疏散指示标志

应急照明装置和疏散指示标志都是灭火联动控制的重要装置。
(1)应急照明装置。
应急照明装置必须自带蓄电池作为备用电源,且要采用三线式配线,使蓄电池始终处于电量充足的状态,在正常电源断电之后,应急照明装置的电源转换时间要小于 15 秒,蓄电池连续供电的时间要超过 20 分钟。
(2)疏散指示标志。
在体育场馆的走廊和拐角处,每隔 10~20 米安装一个疏散指示,高度要低于 1 米,保证指示灯在平时处于点亮状态;在体育场馆的楼梯和通向室外的出口,要采用绿色标识设置出口指示灯;在体育场馆的疏散门口的上方、首层疏散楼梯口的里侧,要安装安全出口标志灯,安全出口标志灯离地面的距离要大于2米。在安装疏散指示标志时,需要注意以下两点:第一,疏散指示标志的设置不能影响正常的通行;第二,疏散指示标志四周不能存放容易使人混淆或遮挡疏散标志的其他标牌。

4. 排烟系统

火灾时产生的烟主要是一氧化碳,这种气体容易使人窒息,同时火灾产生的烟雾也会遮挡人的视线,使人难以分辨方向。大量事实表明,火灾中烟雾的危害是巨大的,因此,排烟系统对火灾防范来说是至关重要。体育场馆中的以下建筑需要安装排烟系统:第一,无直接自然通风且长度大于20米的内走道;第二,有直接自然通风,但是长度超过60米的内走道;第三,面积超过100平方米的且经常有人停留的无窗房间;第四,对外开窗且面积超过200平方米的房间。

排烟系统的排烟防火阀与感烟信号、控制主机是联动的,一旦感烟信号发现烟雾,控制主机就会控制排烟防火阀打开,使排烟防火系统开始工作。当排烟温度达到280℃时,安装在排烟防火阀口的温度熔断器就会工作,阀门会自动关闭,并带动排烟风机关闭。

5. 自动灭火系统

自动灭火系统可以分为自动水灭火系统、自动气体灭火系统两种。
(1)自动水灭火系统。

自动水灭火系统即依靠水自动灭火的系统,当前常见的自动水灭火系统包括室内消火栓灭火系统、自动消防喷淋灭火系统和自动高空水炮。

①室内消火栓灭火系统。室内消火栓灭火系统构成的基本要素有蓄水池、加压送水装置、室内消火栓等,室内消火栓包括水枪、水龙带、消火栓、消防管道等。

②自动消防喷淋灭火系统。在火灾发生后,自动消防喷淋灭火系统能够在检测到火灾发生后自动打开喷头喷水,并发出火灾报警信号,对控制、扑灭初期火灾具突出的作用。当前常用的自动消防喷淋灭火系统有感烟式、感温式两种。

③自动高空水炮。自动高空水炮是一种将计算机技术、红外传感技术、机械传动技术、图像传输技术结合在一起的灭火装置,当自动高空水炮覆盖的范围内发生火情,该装置会立刻启动,迅速找出火源位置,确认火情后会立刻喷水并发出警报,在将火源扑灭后就会自动停止喷水。

(2) 自动气体灭火系统。

自动气体灭火系统是依靠气体自动灭火的系统,基本的构成要素有启动气瓶、容器、管网、喷头和压力检测装置(见图8-4)。常用的自动气体灭火系统有七氟丙烷灭火系统、二氧化碳自动灭火系统和混合气体自动灭火系统。

①七氟丙烷灭火系统。七氟丙烷灭火剂无色、无味、毒性低,且具有较好的绝缘性,是比较理想的灭火气体,正是因为七氟丙烷的这些特征,七氟丙烷灭火系统适合用于扑救电气火灾、液体火灾和可熔化的固体火灾,适合用在计算机、配电房等场所。

②二氧化碳自动灭火系统。二氧化碳灭火剂毒性低、绝缘性好、不会污染设备,且灭火的能力较为突出,是当前比较受欢迎的灭火气体。二氧化碳自动灭火系统常用在扑灭气体火灾、电气火灾、液体或可熔化的固体火灾等时候。

③混合气体自动灭火系统。将氮气、氩气、二氧化碳气体按照一定的比例混合形成的气体就是混合气体灭火剂。这样的混合灭火剂无色、无味、无污染,是理想的环保型灭火剂,常用在计算机房、配电房、自备发电机房等有人工作的场所。

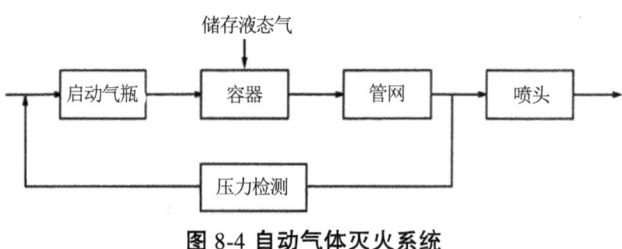

图 8-4 自动气体灭火系统

(四)联动控制

联动装置能够在自动报警系统确认火情之后实施报警、引导疏散并启动灭火系统、排烟设施与防火卷帘。

1. 实施报警

报警是由灯光报警器、警铃、火灾事故广播等完成的。火灾发生时,消防控制室会将火灾疏散层的扬声器、广播、音响等强制转入火灾事故广播的状态。需要注意的是,火灾事故广播使用的扬声器不能添加开关,如果扬声器设有开关,应该使用三线式配线强制火灾事故广播开放。

2. 引导疏散

对于设置有门禁的公共通道,消防联动系统会与门禁系统连接起来,以

第八章　体育场馆的智能化发展新方向

保障遇到火灾之后，门禁全部打开；在确认火灾后，联动系统会自动切除普通用电，同时还会打开应急照明系统，以帮助人员安全撤离。

3.启动灭火系统

当消火栓按钮闭合之后，在联动系统的作用下，消防控制中心会收到消火栓的工作信号，同时消防控制中心会直接启动消防水泵，并控制自动喷洒系统工作。在联动控制系统的影响下，报警阀压力开关、水位控制开关、气压罐压力开关等都能够使消防水泵自动启动。

4.启动排烟设施

在火灾报警后，联动控制系统还会启动排烟设施工作，会启动报警区域及邻近区域的排烟风管与正压风机，同时还会使相关区域内的空调机以及不属于防火排烟系统的送、排风机停止工作。

5.启动防火卷帘

火灾发生后联动控制系统会启动防火卷帘，防火卷帘会下落两次，第一次是由感烟控制器控制的，这时卷帘会下落到距离地面1.5米处，人还能够通过；第二次是由感温控制器控制的，这时卷帘门会下降到底。当防火卷帘门完全落地后，消防控制室会收到报警信息和卷帘门的动作信号。

第三节　体育场馆停车管理智能化

智能化的停车场是体育场馆智能化发展的重要组成部分，本节主要对体育场馆停车场管理的智能化进行阐述。

一、停车场管理系统

(一)停车场管理系统概述

停车场管理系统是借助计算机、网络设备、车辆管理设备等搭建的对停车场车辆出入、车流引导等进行管理的网络系统，能够对出入停车场的车辆进行智能化的控制，从而提高停车场的管理水平与安全性。

停车管理系统将感应式智能卡系统、计算机网络、图像识别与处理、视频监控等技术集合在一起,实现了对停车场车辆的自动化管理。停车场管理系统的功能有车辆身份判断、出入控制、车辆检索、车位引导、会车提醒、车型校对、语音对讲、费用收取及核算等。

智能停车场管理系统会在停车场的出入口各设置一套出入口管理设备,以此使停车场成为相对封闭的场所,当有车辆需要进出停车场时,只需要将感应卡片放在读卡箱前,系统就能够自动完成检验、核算、记录等工作,挡车道的闸门就会自动开启。

(二)停车场的分类

停车场可以分为内部停车场、公用停车场和私人停车场。第一,内部停车场指的是主要面对固定业主,同时兼顾临时停车需要的停车场,这类停车场的车流量大,收费比较复杂,安全性要求较高,上下班高峰期车流量较高,因此要求具有一定的可靠性,且事务处理的速度要快;第二,公用停车场常用在大型公共场所,如机场、火车站、体育场馆等,停车场内车辆的数量相对较多,且停车的时间短,因此这类停车场的特点是运营成本低、使用简单、设备稳定、安全性较低;第三,私人停车场主要是面向特定使用者的停车场,基本没有访客停车需求,无须计费,具有安全级别高与使用方便的特点。

智能停车管理系统主要用在内部停车场和公用停车场,体育场馆的停车场通常属于公用停车场,使用智能停车管理系统能够有效提升管理车辆的效率,充分展现体育场馆的智能化。

二、停车场管理系统的功能和构成

(一)停车场管理系统的功能

停车场管理系统的功能主要有以下几点:

第一,停车场管理系统能够识别车辆属于固定用户还是临时用户,如果是固定用户,系统会自动在出场时放行,如果是临时用户,系统会根据停车的时间要求用户缴费,同时系统还会记录所有进出车辆的刷卡时间、车辆资料等信息。

第二,停车场管理系统能够和其他设备连接,如控制门、闸、灯光、警报与摄像机等,可以进行多样化的管理。

第三,停车场管理系统具有分级管理功能,具有多种收费模式,同时信息记录量也很庞大,能够记录出入报告、卡片报告、报警报告等各种信息。

第八章　体育场馆的智能化发展新方向

第四，停车场管理系统具有图像对比功能，能够识别车辆的颜色、车牌、车辆类型等信息。

第五，停车场管理系统能够做到一车一卡，以防止车辆被盗，避免信息管理漏洞，还具有满位提示功能，在车辆达到饱和时就不允许临时车辆进入。

(二)停车场管理系统的构成

停车场管理系统主要由控制中心、打印机、智能卡发行器、RS485转换器、出入口控制机、自动发卡/吞卡机、智能卡读写器、全自动道闸、车辆检测器、中文电子显示屏、语音提示、对讲系统、视频卡、出入口摄像机构成。下面重点对控制中心、智能卡发行器、出入口控制机、全自动道闸进行阐述。

1. 控制中心

控制中心即装有停车场管理软件、图像对比软件、数据库软件与视频卡的计算机或服务器，这个计算机或服务器是停车场管理系统的中枢，负责完成各种工作。控制中心的电脑质量要可靠并能够支持加密狗，最好放在出入岗亭处，并配备CRT显示器。

2. 智能卡发行器

智能卡发行器也叫临时卡发行器，由微波控制处理器、RS232或RS4815通信收发模块天线、读卡器、电源模块等组成。智能卡发行器能和电脑相连，其功能主要包括以下几点：第一，授权发行停车场管理系统智能卡；第二，实现停车场系统的临时卡收费；第三，进行上下班登记与考勤。

3. 出入口控制机

停车场管理系统的核心设备是出入口控制机，出入口控制机的基本构成设备是控制机箱和读卡器，选配设备有满位显示屏、中文电子显示屏、对讲系统等，通常入口控制机要配备自动出卡机，出口控制机要配备自动吞卡机。

4. 全自动道闸

全自动道闸一般安装在停车场出入口、距离控制台大概3米的位置，主要由控制机箱、电动机、离合器、机械传动装置、电子控制等设施组成。为了保障车辆与停车场设备的安全，通常车辆管理系统分为三级防砸车机制。

(1)第一级防砸车机制：当车辆停留在道闸栏杆下面时，系统会自动识别，无论车辆停留多长时间，道闸都不会落下。

(2)第二级防砸车机制:当第一辆车正常通过道闸栏杆后,栏杆开始下落,此时第二辆车紧随其后通过道闸栏杆,系统虽然已经检测到了车辆通过,但是栏杆已经下落,第二辆车就很容易被栏杆砸到,在道闸上安装压力电波开关传感器就能够防止这种现象发生。

(3)第三级防砸车机制:当有车辆非法闯关时,有弹性的闸杆可以在受到外力后弹开,从而避免危险发生。

三、停车场管理系统的车辆管理流程

(一)车辆入场流程

车辆入场的流程如图 8-5 所示,具体流程如下所述:第一步,当车辆到达出口处时,停车场管理系统会判断车辆属于固定卡持有者还是临时泊车者,同时 LED 显示屏会显示"请读卡";第二步,如果车辆属于固定卡持有者,入口控制机会判断停车卡是否在有效期,如在有效期读卡机会进行读卡,如果车辆属于临时停泊者,会由系统或人工发卡,之后由读卡机读卡;第三步,读卡机读卡后,控制器会将车牌号、卡号等信息进行记录,同时道闸自动升起;第四步,司机开车入场,入场后道闸自动关闭。

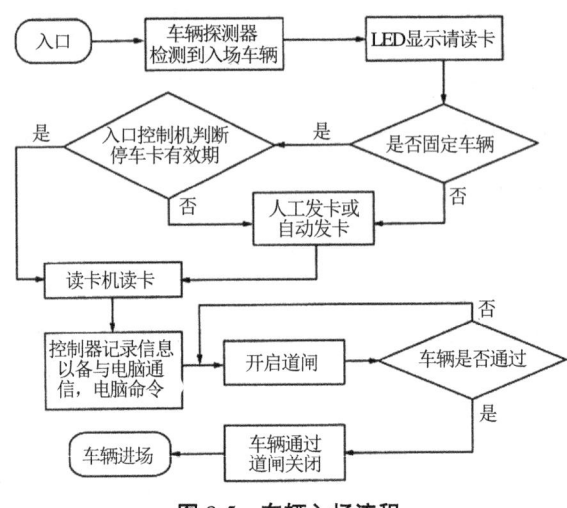

图 8-5 车辆入场流程

(二)车辆出场流程

车辆出场的流程与车辆入场的流程原理相同,具体流程(见图 8-6)如

第八章 体育场馆的智能化发展新方向

下;第一步,当车辆到达出口处时,停车场管理系统会判断车辆属于固定卡持有者还是属于临时泊车者,同时 LED 显示屏会显示"请读卡";第二步,如果车辆属于固定卡持有者,出口控制机会判断停车卡是否在有效期,如在有效期读卡机会进行读卡,如果车辆属于临时停泊者,则由值班人员收卡收费;第三步,在读卡机读卡后,控制器会将车牌号、卡号等信息与之前的记录进行对比,无误后道闸自动升起;第四步,司机开车离场,车辆通过后道闸自动关闭。

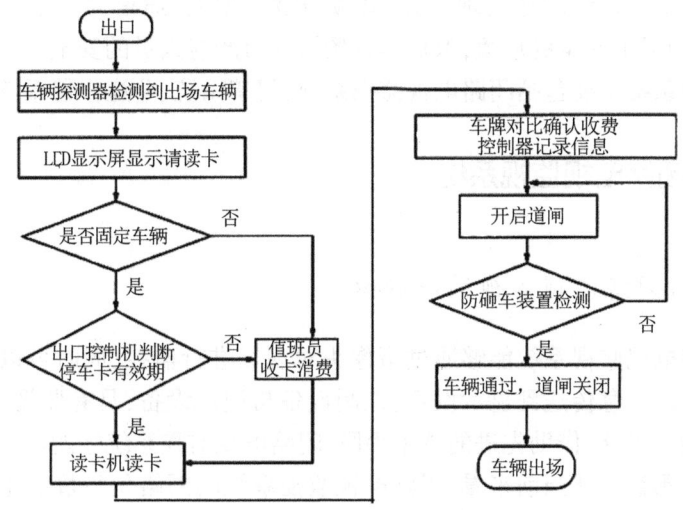

图 8-6　车辆出场流程

(三)值班人员与管理人员的工作流程

1. 值班人员工作流程

值班人员的工作流程相对较为简单,具体流程如下:第一步,值班人员上班后将电脑打开,进入停车场电脑管理系统;第二步,值班人员在电脑上输入自己的登记密码,登记完毕后进入功能管理模块;第三步,值班人员下班时,进行交接班登记,用鼠标点击"交班",电脑自动显示该值班人员值班期间的收费情况,并自动将收费情况打印成报表;第四步,换班人员重复第一步操作。

2. 管理人员工作流程

管理人员的工作流程主要有四步,具体如下:第一步,管理员开启系统;第二步,管理员输入密码,进入管理人员功能项;第三步,管理员执行管理任务,点击各种功能,完成查询、打印、发行卡、更改密码等操作;第四步,管理人员安全退出系统。

第四节　体育场馆安全防范智能化

对体育场馆进行安全保护是体育场馆管理的重要内容,智能化体育场馆的安全防范系统能够实现视频、音频、探测、微波、通信等技术的综合运用,为人们提供安全的环境,保护体育场馆的财产与人员的安全。智能化的安全防范系统主要包括闭路电视监视系统、门禁系统、防盗报警系统等。

一、闭路电视监视系统

(一)闭路电视监视系统概述

闭路电视监视系统能够通过摄像头对现场进行监控,同时可以将摄像头接收到的信息传送到显示设备、控制设备与记录设备,具有监视、录像与回放功能。另外,借助先进的技术手段,闭路电视监控系统还能实现图像分析与事先预警。从当前来看,闭路电视监控系统的网络化与数字化已经成为当前闭路电视监视系统发展的方向,借助网络化与数字化,闭路电视监视系统在设置控制中心、接入点时可以不受地点的限制。因此,使用闭路电视监控系统对体育场馆进行体育安全防范,是体育场馆智能化发展的表现之一。

(二)闭路电视监视系统的组成

闭路电视监视系统主要由六个部分组成,分别为前端系统、本地显示系统、本地控制系统、本地传输系统、远程控制系统、远程传输系统。

1. 前端系统

监控线缆前端连接的设备,即在监控系统现场的设备属于前端系统,摄像机、镜头、变压器、电源、解码器、信号放大器等都被包括于前端系统。下面重点阐述摄像机与镜头。

(1)摄像机。

摄像机是闭路电视监视系统的眼睛,可以将在现场收集到的音频、视频

第八章 体育场馆的智能化发展新方向

信息转变为数字信号,并将数字信号传输到控制中心与存储设备。常用的摄像机有黑白摄像机与彩色摄像机,黑白摄像机的分辨率高,可以在红外光照下成像,因此就电视监控系统而言,黑白摄像机的市场占有率相对较高。

摄像机常安装在体育场馆的主要出入口、看台、大厅出入口处、重要房间、变配电室、电梯间等位置,每个进入摄像头监控区域的人都会被摄像并保留图像资料。

(2)镜头。

镜头是摄像机的重要组成部分,也是监视系统的关键设备,其质量的优劣会直接影响摄像机效果的好坏,因此,镜头的选择必须要合适。当前常用的镜头有球面镜头、非球面镜头、针孔镜头、鱼眼镜头,这几种镜头的特点如表8-1所示。在安装镜头时,要根据实际需求选择合适的镜头,如所观察的范围大,可选择小焦距的广角镜头,如要观察细节,可选择长焦距镜头。

表8-1 镜头的分类及各自的特点

分类	尺寸大小	光圈	变焦类型	焦距长短
球面镜头	25.4mm	自动光圈	电动变焦	长焦距镜头
非球面镜头	16.9mm	手动光圈	手动变焦	标准镜头
针孔镜头	12.7mm	固定光圈	固定焦距	广角镜头
鱼眼镜头	8.47mm	自动光圈	自动对焦	<16mm

2. 本地显示系统

本地显示系统是将外界的信息经过变换处理,以图像、图形、字符等方式将信息展示出来,供人们观看、分析、利用的技术。本地显示系统主要包括图像显示器、大屏幕投影等设备。

(1)图像显示器。

常见的图像显示器有CRT(Cathode Ray Tube)显示器、液晶显示器、等离子体显示器。

①CRT显示器。CRT显示器主要由电子枪、偏转线圈、荫罩、高压石墨电极、荧光涂层、玻璃外壳等组成,是应用最广泛的显示器,具有可视角度大、无坏点、色度均匀、色彩还原度高、价格低廉等优点。

②液晶显示器。液晶显示器是一种将液晶作为材料的显示器,显示原理是利用液晶的电光效应,施加电压以改变液晶的光学特性,并控制液晶的透射光与反射光,以实现显像。液晶显示器具有功耗低、点距大、色彩表现度突出、画面柔和不伤眼睛、辐射低等优势。

③等离子体显示器。等离子体显示器具有分辨率高、屏幕大、色彩丰富、体积小等特点,但是价格较高,因此普及度不高。

(2)大屏幕投影。

大屏幕投影会用到投影机,当前常用的投影机有 CRT 投影机、液晶投影机、数字光处理投影机、液晶光阀投影仪等。

①CRT 投影机。CRT 投影机的优点是清晰度高、分辨率高、色彩丰富、成像效果真实、寿命长、可长时间工作、可以直接连接所有的视频信号源与各种数据图形信号源。同时 CRT 投影机也有亮度低、调整复杂、机身笨重等缺点。当前 CRT 投影机常被用在工业监控、军事指挥等领域,也常被用在高等娱乐场所、高档会议室等地方。

②液晶投影机。液晶投影仪具有高亮度、重量轻、安装方便、价格便宜等优势,因此应用十分广泛,液晶投影仪的缺点是受灯源与散热限制,不能进行长时间的工作。

③数字光处理投影机。数字光处理投影机是一种全新的投影技术,优点是图像质量高、色彩还原性好、图像稳定、光效率好,缺点是色彩饱和度有待提升,价格相对较高。

④液晶光阀投影仪。液晶光阀投影仪是一种采用液晶光阀技术的光学投影仪,投影的画面具有超高的亮度、对比度和分辨率,但是价格较高。液晶光阀投影仪常用在高级会议室、现代化控制指挥中心以及重要的模拟中心和娱乐场所。

3. 本地控制系统

本地控制系统就是设置在本地监控中心端的设备,由控制部分、显示部分、录像和存储部分组成。

(1)控制部分。

控制部分指的是对摄像机监控的视频、音频、信号的控制与传输,常用的设备有云镜控制器、手动视频控制器、顺序视频切换器、画面处理器、编码解码器和视频服务器等。

(2)显示部分。

显示部分用来显示摄像机拍摄出来的画面,主要包括监视器、显示器、电视墙、操作台等。监视器和显示器是显示部分的核心,随着液晶显示器、等离子技术的发展,传统的监视器已经被逐步取代,等离子拼接屏、液晶显示器已经开始广泛用于监视器。

(3)录像和存储部分。

录像和存储部分即录像系统与存储系统。

第八章 体育场馆的智能化发展新方向

①录像系统。闭路电视监控系统常用的录像机有磁带录像机、硬盘录像机两种。磁带录像机最初被用于电视节目制作、视频录制等,后来逐渐被引入了监控系统中,但是随着硬盘录像机的发展,磁带录像机已经被逐步淘汰。硬盘录像机采用的是数字记录技术,在图像处理、图像储存、检索、备份、网络传递、远程控制等方面都具有优势,是当前市场上电视监控系统首选的产品。

②存储系统。存储系统能够储存图像,便于事后查询、分析,存储系统可以分为两种,一种是封闭系统的存储,另一种是开放系统的存储。封闭系统的存储主要指的是大型机,开放系统的存储则是基于 Windows、Linux 等操作系统的服务器。

4. 本地传输系统

本地传输系统是相对于远程传输系统而言的,不会牵连异地联网,传输相对简单,传输半径不超过 60 千米就算是本地传输,本地传输主要是线路传输,线路传输包括模拟传输线路、网络传输线路。

(1)模拟传输线路。

模拟传输线路常用的传输方式有同轴电缆传输、双绞线传输、光纤传输、无线传输、射频传输。

①同轴电缆传输。同轴电缆传输是应用最早的,也是当前应用最广泛的传输技术,摄像机与后端设备都支持同轴电缆连接。同轴电缆传输的特点是能屏蔽外界的电磁波和静电场,导体的截面越大,传输损耗就越小。

②双绞线传输。双绞线传输的信号电磁场是"空间开放场",数据传输的效果不太好,但是比较便宜,适合用在对图像质量要求不高的工程场合。

③光纤传输。光纤传输效果好,是远距离传输最有效的方式,常用在高速公路、城市道路监控上。光纤可分为多模光纤和单模光纤,多模光纤色散与衰耗大,最大传输距离为 5 千米;单模光纤只有单一的传输路径,可用于长距离传输,因此应用更为广泛。

④无线传输。无线传输不需要线缆,并且具有一定的穿透性,其传输设备具有体积小、质量轻的优点,常用在公安、铁路、医院、变电站等场所。

⑤射频传输。射频传输继承了有线电视成熟的射频解调传输技术,优点是传输距离较远,能够实现双向传输,当前射频传输技术虽然发展得比较成熟,但是实际应用较少。

(2)网络传输线路。

网络传输线有效避免了模拟信号传输对失真度的苛刻要求,且传输的分辨率与清晰度较高,传输距离没有限制,可以说将会是未来视频传输的主流方向。

5. 远程控制系统

远程控制系统是相对于本地控制系统而言的,指的是在远程监控中心端的设备,包括控制部分、显示部分、录像和存储部分。其中,控制部分主要包括利用网络控制前端的摄像机、矩阵、硬盘录像机等设备;显示部分与本地控制系统显示部分基本一致,不再赘述;远程控制系统的录像与存储部分要求没有本地系统那样严格,只要视频能录制、保存即可。

6. 远程传输系统

远程传输系统是相对于本地传输而言的,常见的远程传输系统包括电话线传输、数字数据网传输、综合业务数字网传输、卫星传输。

二、门禁系统

(一)门禁系统概述

门禁系统也被叫作出入管理控制系统,是体育场馆安全防范智能化管理的重要组成部分。门禁系统涉及自动识别技术、电子信息技术、计算机技术、控制技术、通信技术等,能够做到对人、物的出入进行控制与管理。常见的门禁系统是由门禁服务器、门禁管理软件、门禁控制器、读卡器、卡片、电锁、出门按钮、紧急玻璃破碎器等组成的。

国内外的门禁系统是有区别的,国外的门禁系统起步早,技术比较成熟,通常是联网的总线式门禁系统,功能有考勤、在线巡更等,能够集成报警系统,也能够和闭路电视系统联动;国内的门禁系统属于一卡通系统建设,包含门禁系统、考勤系统、巡更系统、消费系统、停车场管理系统等,同国外相比包含的范围更大,但是功能略微简单。

(二)门禁系统的组成

门禁系统的组成包括门禁点设备、门禁控制器、本地传输系统、门禁系统服务器、远程传输系统与中央管理系统。

1. 门禁点设备

装在门禁控制点上的设备就是门禁点设备,门禁点设备包括读卡器、门锁、出门按钮、接口模块、逃生装置等。

(1) 读卡器。

门禁系统中常用的读卡器有密码键盘、IC 读卡器、ID 读卡器与指纹读卡器,这四种读卡器各有特点:密码键盘读卡器相对简单,通过密码就能打开,安全性较差;IC 读卡器可以读写,常用于消费系统、公安计费系统;ID 读卡器只能读不能写,可以带键盘,也可以不带键盘,安全性较好;指纹读卡器运用了生物识别技术,安全性最高。

(2) 门锁。

门禁系统使用的门锁为电控门锁,常用的门锁类型有电控磁力门锁、电控阴极门锁等。其中,电控磁力门锁适合用于各类平开门,包括木门、金属门、玻璃门等;电控阴极门锁适合用于单门向平开门。

(3) 出门按钮。

出口按钮也被叫作出口请求设备,常见的出口按钮是一个开关型设备,按一下门就会打开。另外还有一种红外出门请求探测器,这种设备不需要人操作,当人走近门,门就会自动打开。

(4) 接口模块。

所有门禁点的线路都可以接到接口模块上,凭借接口模块能够减少线缆的浪费情况,节省成本,同时也能方便施工人员施工。

(5) 逃生装置。

逃生装置由锁舌、推杠与门外配件三部分组成,适合装在木门、金属门、有框玻璃门上,能够保障火灾发生后建筑物内的人员安全撤离。

2. 门禁控制器

门禁控制器是门禁系统的核心,能够将门禁系统服务器与读卡器连接起来。门禁系统的主要参数有内存、持卡人、开门方式、报警联动、工作电压、数据安全等(见表 8-2)。

表 8-2 门禁控制器的参数

参数	基本阐述
内存	内存存储的类型包括 ROM、RAM、ERROM、SDRAM 等
持卡人	持卡人类型有职员与访客
开门方式	开门方式有密码开门、卡开门、指纹开门、卡+指纹开门、卡+密码开门、卡+密码开门+指纹开门

续表

参数	基本阐述
报警联动	门禁控制器支持报警输入和输出接口,这样就能够实现报警联动,一旦门禁的报警探测器被触发,门禁系统就会联动报警
工作电压	门禁系统中的工作电压应为直流12V
数据安全	为了保障数据安全,门禁系统控制器与门禁服务器之间的数据传输需要进行加密

3. 本地传输系统

门禁的本地传输系统主要包括控制线、电源线和信号线。

（1）控制线。

控制线即门禁服务器到门禁控制器、再到门禁读卡器之间的控制线路，一般来说，门禁服务器通过何种方式连接，门禁控制线也会采用何种方式连接。

（2）电源线。

门禁电源线的选择要以设备工作时的电压为依据，通常门禁服务器、门禁控制器的工作电压为220VAC或24VAC，因此可以使用RVV3×1.0以上的电缆；读卡器设备工作的电压为12VDC，因此可以使用RVV2×0.75以上的电缆。

（3）信号线。

信号线是门锁、门磁、报警设备等的连线，这些设备都需要信号线，且使用的线略有区别，如门锁需要2芯的控制线与2芯的电源线，门磁需要2芯的非屏蔽线缆。

4. 门禁系统服务器

门禁系统服务器是门禁系统的重要组成部分，门禁系统的大部分功能都需要门禁系统服务器来实现。具体来说，门禁系统服务器就是装有一套或多套门禁软件的计算机服务器。门禁系统软件是门禁系统服务器的核心，门禁管理软件的应用最常用的系统是Windows和Linux。

5. 远程传输系统

如果门禁服务器、门禁控制器两者处于异地，或者门禁系统有中央管理系统，那么就有远程传输的需求，这就需要用到远程传输系统。远程传输系统多是借助互联网或企业的内部专网实现连接的,如果企业要借助互联网传输门禁数据,会建立自己的虚拟专用网络,或者会对门禁数据进行加密传输。跨国企业、国内大型公司都会用到远程传输系统。

6. 中央管理系统

中央管理系统有多个门禁系统服务器,能够实现多套门禁系统的管理,进而成为大型联网门禁系统,和只用一台门禁服务器管理的门禁系统对比来看,中央管理系统架构更加稳定,处理效率也更高,适合大型跨国企业使用。

三、防盗报警系统

(一)防盗报警系统概述

灵活运用各种类型的探测器对一定区域进行整体保护的系统就是防盗报警系统。报警防盗系统的设置十分灵活,可以设置多种报警方式,同时系统能够自动记录报警的时间、区域,也可以直接将音频、视频等信息传到接警中心,实现音视频报警。

防盗报警系统的核心是报警主机,报警主机能够接收前端探测器的报警信号,同时也能够对这些报警信号进行反馈与处理,具体运行过程如下:前端探测器将报警信号传送给报警主机,报警主机接收报警信号后,产生报警声光信号,并利用网络拨打预先设置的报警电话。

(二)防盗报警系统的组成

防盗报警系统共由五个部分组成,包括前端探测器、本地传输系统、本地报警主机、远程传输系统与报警接收中心。

1. 前端探测器

前端探测器即在现场进行报警探测的设备,被称为报警探测器,随着技术的发展与新材料不断被发现和应用,报警探测器的种类也更加多样,图8-7为报警探测器的种类。

与前端探测器相配的设备还有安装支架、电源、信号放大器、无线发送接收设备等,这些是前端探测器必不可少的成分。

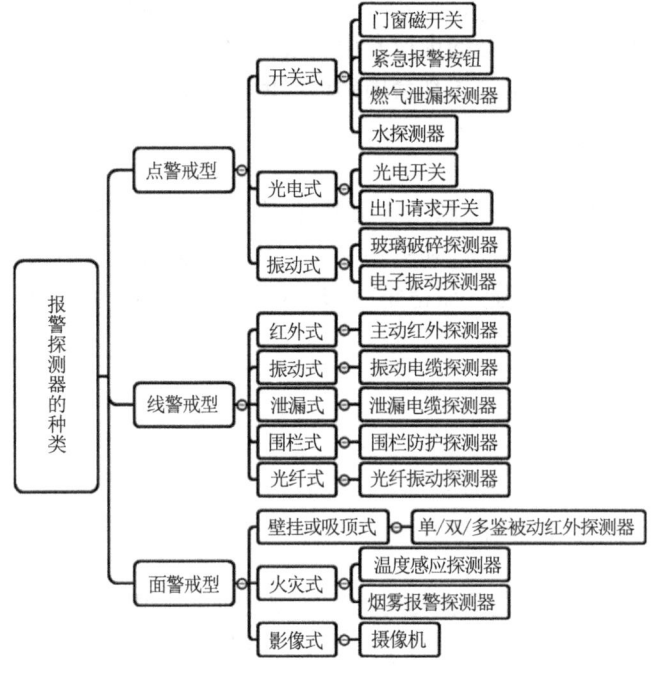

图 8-7 报警探测器的种类

2. 本地传输系统

本地传输系统就是从探测器到报警主机的传输线路,本地传输的形式有两种,分别是无线传输与有线传输。

(1)无线传输。

无线传输的原理是探测器输出的信号在经过调制之后,使用一定的频率将信号发送出去,报警中心控制器在接收到报警信号后立刻发出警报并判断发出报警的位置。那些不方便布线施工的场所常使用无线传输系统。

(2)有线传输。

有线传输即通过导线将探测器信号传输给报警控制主机,当信号传输的方式不同时,会选用不同的线制,常用的线制有总线制、多线制和混合式。

①总线制即用 3 条左右导线构成总线,所有的探测器都接在这条总线上,通过总线进行信号传输。这种线制具有用线少、施工方便等优点,常用在大型商场、银行、办公室等场所。

②多线制就是每个探测器和控制器之间有独立的连线,是一种点对点的连接方式,优势是线路设置简单,劣势是穿线复杂、线消耗大、线路故障不好排查,多线制常用于家庭、小型办公室等场所。

③混合式是总线制和多线制的结合,具体来说是在所有探测器和模块之间采用多线制连接,模块与控制器之间使用总线连接,将总线制和多线制的优点结合起来。

3. 本地报警主机

本地报警主机是连接探测器的报警主机,其主要设备有报警控制主机、操作键盘、报警接收软件、电脑、打印机等,其中最重要的设备是报警控制主机和操作键盘。

(1)报警控制主机。

报警主机可以直接接收警报探测器的警报信号,并发出声光报警、显示出发生入侵的位置,在报警排除之后,声光报警可以手动复位。报警控制主机具有检查控制系统的功能,会定期检查各个部分是否正常。

(2)操作键盘。

操作键盘可以对报警控制系统进行操作,常用的操作键盘有 LED 键盘和 LCD 键盘,LED 键盘通常会配有 LED 灯,这些灯能够显示各种操作状态;LCD 键盘能够用字符显示出各种操作、状态与命令。

4. 远程传输系统

电子报警系统的远程传输系统指的是从报警控制主机到报警接收中心的传输线路,常见的传输线路有电话线、互联网,当前电话线拨号报警应用最成熟、最广泛,一般的报警控制主机如果想要通过互联网传输报警信号,就需要加装 TCP/IP 转换模块。

5. 报警接收中心

接收安防控制中心的报警信息,并对这些信息进行处理的场所就是报警接收中心,报警接收中心的核心设备是报警中心接警机。报警接警中心有专业级与民用型之分,公安机关的接警中心就是专业级的报警接警中心,小区内的控制机房就是民用型的报警接警中心。

参考文献

[1]赵雷,雷利.体育场馆经营管理概论[M].北京:体育大学出版社,2007.

[2]奚天明.高校体育场馆的经营与管理研究[M].北京:原子能出版社,2009.

[3]杨远波.体育场馆经营导论[M].成都:西南财经大学出版社,2006.

[4]钟天朗.体育经营管理——理论与实务[M].上海:复旦大学出版社,2013.

[5]张以琼.会展场馆管理与服务[M].广州:广东经济出版社,2007.

[6]体育场地编写组.体育场地管理[M].北京:人民体育出版社,2007.

[7]陈融.体育设施与管理[M].北京:高等教育出版社,2004.

[8]易国庆.体育场馆的经营与管理[M].北京:人民体育出版社,2009.

[9]张立.运动场地设施管理与维护[M].北京:中国劳动社会保障出版社,2005.

[10]詹新寰.体育场馆管理——理论研究与管理实践[M].北京:中国国际广播出版社,2019.

[11]陈富生,黄顺春.现代企业管理教程[M].上海:上海财经大学出版社,2004.

[12]李明利.体育场馆运营模式与管理实务手册[M].河北:河北音像出版社,2004.

[13]赵广.体育场馆智能化[M].武汉:中国地质大学出版社,2018.

[14]王德炜.体育场地设施[M].北京:高等教育出版社,2010.

[15]曲丽萍,王修岩.楼宇自动化系统[M].北京:中国电力出版社,2004.

[16]赵乱成.智能建筑设备自动化技术[M].西安:西安电子科技大学

出版社,2002.

[17]谭建湘,霍建新,陈锡尧,等.体育场馆经营与管理导论[M].北京:高等教育出版社,2014.

[18]刘青.体育场馆的经营与管理[M].北京:人民体育出版社,2012.

[19]易国庆,赵道静,等.体育场馆的经营与管理[M].北京:人民体育出版社,2009.

[20]国家体育总局.拼搏历程,辉煌成就——新中国体育60年[M].北京:人民体育出版社,2009.

[21][比利时]热若尔·罗兰.转型与经济学[M].北京:北京大学出版社,2005.

[22][美]杰伊·海泽.运作管理[M].北京:中国人民大学出版社,2003.

[23]伍绍祖.中华人民共和国体育史(综合卷)[M].北京中国书籍出版社,1999.

[24][美]小罗宾·阿蒙,理查德·索撒尔,大卫·巴利尔.体育场馆赛事筹办与风险管理[M].沈阳:辽宁科学技术出版社,2005.

[25]王健,陈元欣.大型体育场馆运营:理论与实务[M].北京:北京体育大学出版社,2012.

[26]万来红.体育场馆资源利用与经营管理[M].武汉:华中科技大学出版社,2010.

[27]刘丽文.服务运营管理[M].北京:清华大学出版社,2004.

[28]杨守博.体育运动场馆设备及管理[M].北京:北京体育学院出版社,1993.

[29]孟昭澄.体育运动场地学概论[M].北京:人民体育出版社,2000.

[30]谈群林,顾铭,卢海滨.体育产管经营管理实务[M].广州:华南理工大学出版社,2011.

[31]杭兰平.体育营销风险管理研究[M].西安:西北工业大学出版社,2012.

[32]靳英华.体育经济学[M].北京:高等教育出版社,2011.

[33]王德炜.体育场馆运行管理[M].北京:人民体育出版社,2011.

[34]韦德洪,邹武平,黎朝霞.财务预算管理理论与实务[M].上海:立信会计出版社2006.

[35]谭黔.体育场地与设施[M].北京:北京师范大学出版社,2008.

[36]李铭.体育场馆物业管理概论[M].天津:天津科学技术出版社,2005.

[37]雷文谷.运动场馆设施—规划与管理[M].台北:全威图书有限公司,2009.

[38]张汝栋.体育设施建设指南[M].北京:人民体育出版社,2005.

[39]苑泽明.无形资产评估[M].上海:复旦大学出版社,2005.

[40]陈元欣.大型体育场馆投融资实务[M].北京:北京体育大学出版社,2012.

[41]赵守香,徐天宇,刘蓓琳.电子商务业务处理技术[M].北京:航空工业出版社,2008.

[42]李安娜,闫思宇,张馨月.我国大型体育场馆公共服务供给侧改革研究[J].理论界,2019(2):55-60.

[43]尹红,张龙波,王威洋.我国体育场馆的经营管理问题及其对策研究[J].行政事业资产与财务,2019(4):35-36.

[44]孙嘉潞,陆亨伯,李瀚.我国大型体育场馆公共服务结构优化研究[J].浙江体育科学,2019,41(1):38-42.

[45]张超.高校体育场馆风险管理措施探微[J].当代教育实践与教学研究,2018(4):115-116.

[46]张帅,宋睿.创新体育场馆服务与运营机制研究[J].当代体育科技,2018,8(10):252-253.

[47]张柏铭.高校体育场馆运营管理研究[J].当代体育科技,2019,9(28):222+224.

[48]刘朝霞.我国大型体育场馆运营风险与防范研究[J].西安体育学院学报,2019,36(5):574-579+593.

[49]王继生,丁传伟,孙泽.新时代背景下体育场馆深化改革的目标及路径[J].体育文化导刊,2019(8):72-77.

[50]雷厉,肖淑红,付群,等.我国大型体育场馆运营管理:模式选择与路径安排[J].北京体育大学学报,2013(10):10-15.

[51]顾晓君.高校体育场馆对社会开放的风险识别及控制研究[D].云南师范大学,2018.

[52]乔天宇.北京市东城区公共体育场馆经营开发研究[D].吉首:吉首大学,2018.

[53]李云.丹东市公共体育场馆经营管理现状及对策[D].成都:成都体育学院,2018.

[54]阳萌.云南省曲靖市第十四届省运会赛后体育中心场馆开发与利用研究[D].成都:成都体育学院,2018.